石河子大学经管学术文库

石河子大学中央财政支持地方高校改革发展资金学科建设项目资助

中国西北地区金融集聚和金融中心建设研究

霍远　王惠◎著

RESEARCH ON
FINANCIAL AGGLOMERATION AND
FINANCIAL CENTER CONSTRUCTION IN
NORTHWEST CHINA

经济管理出版社
ECONOMY & MANAGEMENT PUBLISHING HOUSE

图书在版编目（CIP）数据

中国西北地区金融集聚和金融中心建设研究 ／ 霍远，
王惠著 . -- 北京 ：经济管理出版社，2025. -- ISBN
978-7-5243-0206-3

Ⅰ . F832.74

中国国家版本馆CIP数据核字第2025X8M958号

组稿编辑：曹　靖
责任编辑：郭　飞
责任印制：许　艳
责任校对：王淑卿

出版发行：经济管理出版社
　　　　　（北京市海淀区北蜂窝 8 号中雅大厦 A 座 11 层　100038）
网　　　址：www. E-mp. com. cn
电　　　话：（010）51915602
印　　　刷：唐山玺诚印务有限公司
经　　　销：新华书店
开　　　本：720mm×1000mm/16
印　　　张：12
字　　　数：185 千字
版　　　次：2025 年 2 月第 1 版　　2025 年 2 月第 1 次印刷
书　　　号：ISBN 978-7-5243-0206-3
定　　　价：88.00 元

前 言

　　金融是城市经济发展的巨大引擎。金融业融合所产生的技术进步效应可以有效地提高资本边际生产率。随着金融资源从中间向周边扩张，金融机构的数量将进一步增加，其种类和金融产品的数量将变得更加丰富，金融交易的空间将逐步扩大。金融业在经济增长中具有集聚优势，在经济管理中的作用越来越重要。从微观角度来看，金融系统的发展受金融积累和效率程度的影响。从宏观角度来看，金融系统的发展影响国家宏观经济活动的发展趋势。随着国家重视和引导金融的发展，"十四五"规划明确提出要健全具有高度适应性、竞争力、普惠性的现代金融体系，充分展示了国家的态度和发展方向——大力发展地方金融业。

　　陕西、宁夏、青海、甘肃、新疆作为中国的西北五省，是新丝绸之路的西北段，也是古代丝绸之路的重要"动脉"。西北地区幅员辽阔，但经济基础薄弱，金融业相对滞后，金融市场体系不健全，金融资源不丰富。与经济快速增长和相对发达沿海地区的金融市场相比，西北五省的形势和金融发展水平总体还有差距。因此，西北五省应该寻找正确的定位，充分发挥自身优势，有效整合金融资源，在"丝绸之路经济带"的建设过程中合理分配和利用这些金融资源，并积极寻求区域金融业又好又快的发展方式，从而带动经济发展。

　　国家一直对西北五省的发展寄予厚望，并给予西部地区大开发和"丝绸之路经济带"建设的大力支持。金融产业群的发展，不仅极大地影响了西北五省的经济建设，也影响中国经济的全面协调发展。

　　本书以"丝绸之路经济带"中国西北段为研究样本，首先介绍了研究背景和研究意义、国内外文献综述、金融集聚和辐射效应以及金融中心的理论基础；其次从中国西北段金融集聚空间组织和结构演变分析、金融集聚的空间格局与动态演进、西北五省金融集聚水平及金融辐射域分析、西北五省金融集聚水平聚类及等级划分、中国西北段金融中心的建设构想、建设"双核式"区域性金融中心的保障性措施六个方面进行了详细的分析和论述。

目　录

第1章 绪论

1.1 研究背景和研究意义

1.1.1 研究背景

"丝绸之路经济带"作为亚太经济圈与欧洲经济圈之间沟通的"桥梁"，拥有"世界上最长和最具潜力的经济走廊"的美誉。2013 年 9 月，习近平主席在哈萨克斯坦纳扎尔巴耶夫大学的演讲中，提出了"丝绸之路经济带"建设的倡议。"丝绸之路经济带"创建在"古丝绸之路"概念的基础上，是一个新的和充满活力的经济发展区域。2023 年 10 月 18 日，第三届"一带一路"国际合作高峰论坛在北京举行，继续推进高质量共建"一带一路"，加强各自发展规划同"一带一路"倡议的对接，进一步促进基础设施"硬联通"、规则标准"软联通"、各国人民"心联通"，为促进世界经济复苏和落实联合国 2030 年可持续发展议程作出贡献。"丝绸之路经济带"位于西北地区陕西、甘肃、宁夏、青海、新疆，以及云南、贵州、四川、重庆等部分属于经济欠发达的领域，其中的西北五省地大物博，物质资源与人力资源都较为丰富，可以带动西北五省的发展，同时也将极大地推动改革在中国东部新格局的形成。

截至 2023 年 6 月，已有 150 多个国家和 32 个国际组织签署了"一带一路"合作协议。这一数据反映了"一带一路"倡议在全球范围内的广泛影响力和合作成果，对摆脱贫困和增加就业发挥了无法忽视的作用，促进了这些地区的整体发展水平。同时，它有望开拓新的领域，并在东部地区和西部地区实现均衡发展。

金融可视为城市经济发展的巨大"引擎"。自改革开放以来，中国经济实现了跨越式发展和对外开放，特别是在经济发展的当前阶段，正在从简单向丰富、整合和集约转变。金融业的核心地位、发展历程呈现资金和金融机构累积的趋势，它在区域金融和经济发展的发展中发挥了重要作用。金融业的融合所产生的技术进步效应可以有效地提高资本边际生产率。由于财力逐步从核心区域扩散到边缘地区，生产要素（如信息技术）也在转移。随着中心区的新技术和新资源的扩散，优势企业将能够快速访问他们的资源。随着金融资源从中间向周边扩张，金融机构的数量将进一步增加，其种类和金融产品的数量将变得更加丰富，金融交易的空间将逐步扩大。在此基础上，从储蓄中获得的财务信息也更加准确、及时、全面，降低交易成本，并吸引越来越多的投资者实现资本积累。在一定程度上，以金融业来控制经济增长主导地位的集聚优势。金融业在经济管理中发挥越来越重要的作用。从微观的角度来看，操作和本地金融系统本身的发展在很大程度上受到金融积累和效率程度的影响。从宏观角度来看，这也影响到国家宏观经济活动的发展趋势。随着国家重视和引导金融的发展，"十四五"规划明确提出，要健全具有高度适应性、竞争力、普惠性的现代金融体系，充分展示了国家大力发展地方金融业的指导态度。

中国西北五省的陕西、宁夏、青海、甘肃、新疆，作为"新丝绸之路"的西北段，它也是"古丝绸之路"的重要动脉。西北地区幅员辽阔，但经济基础薄弱，金融业相对滞后，金融市场体系不健全，金融资源不丰富。与经济快速增长和相对发达的沿海地区的金融市场相比，西北地区的形势和金融发展水平总体经济还有差距。因此，西北五省应该找一个正确的定位，充分发挥自身优势，有效整合金融资源，在"丝绸之路经济带"的建设过程中合理分配和利用这些金融资源，并积极寻求区域金融业又好又快的发展方式，从而带动经济发展。

1.1.2 研究意义

1.1.2.1 学术价值

在当前的社会和经济背景下，支付方式的多样化使支付变得更加方便，并促进了更加多元化的货币流通和使用。在这种情况下，金融发展的作用日益明显。金融集聚是金融中心形成的一个必然的过程，金融中心的形成是金融产业集聚的客观结果。大量方法可以提高资本边际生产率，其中最重要的是提高技术进步的影响。信息和技术等因素将随着金融资源的变化而变化，扩散到边缘化企业。财政资源和核心区域已经转移到边缘区域，随着这种转移的优势，边缘企业能获得大量的技术和信息支持，从而迅速发展自己的企业。金融资源从核心区到边缘地区的发展可以减少土地资源等因素的成本，可以促进金融机构数量的增多。金融机构的增加也将促进金融产品的多样化，从而促进金融交易层次和领域的扩大。多元化、多层次、宽区域的金融体系有利于大量财务信息的存储。大量的信息储备可以降低获取信息的成本，还可以提高信息的质量、完整性和准确性。这种低成本、高品质的交易将吸引大量的投资者，这将更加有利于资本原始积累。由于西北五省的经济基本上是落后的，"丝绸之路经济带"必须迅速面对国际市场，迫切需要提高西北五省的金融集聚水平，扩大自己的金融辐射能力，并发挥西北五省对"丝绸之路经济带"的作用。

因此，基于金融集聚、金融辐射范围和金融中心的理论，本书研究了在金融集聚水平和"丝绸之路经济带"建设背景下的西北五省的金融辐射，这将极大地丰富和完善西北地区的金融集聚和发展理论。除此之外，西北五省是经济欠发达地区，已有的理论研究都忽略了其区域和经济发展因素的影响，本书可以补充和完善欠发达地区金融理论。

1.1.2.2 应用价值

推进"丝绸之路经济带"的快速发展。金融可以被看作是城市经济发展的巨大"引擎"。自改革开放以来，特别是在经济发展的现阶段，中国经济取得了跨越式发展的今天，金融业正从简单型、粗放型向综合型、密集型转变，其发展过程表明资金和金融机构聚集对发挥区域金融和经济发展具有重要作用。

西北五省资源缺乏，导致这些省份地区的经济辐射能力差，金融集聚效应不明显，所以没有新的经济圈形成。金融中心通过金融集聚和辐射作用，引导西北地区的整体经济发展。中国西北五省有丰富的物质资源和人力资源。促进西北五省的发展将成为西部发展的重要战略，也将极大地促进新的改革模式在东部地区形成。预计开放开发的新领域将形成，并在东部和西部地区实现均衡发展。在"丝绸之路经济带"建设的背景下，本书衡量金融集聚在西北五省的水平和范围。同时，可以提高金融集聚水平，并在西北五省扩大金融辐射范围，发挥"丝绸之路经济带"建设的作用，促进西北五省经济的快速发展。

由于西北五省基本上都是欠发达地区，而"丝绸之路经济带"需要迅速面向国际市场，因此迫切需要提高其金融集聚水平和扩大其金融辐射能力。第三届"一带一路"国际合作高峰论坛于2023年10月在北京举行，中国国家主席习近平主持会议并发表讲话，提出要深化"一带一路"国际合作，迎接共建"一带一路"更高质量、更高水平的新发展，推动实现世界各国的现代化，建设一个开放包容、互联互通、共同发展的世界，共同推动构建人类命运共同体。

1.2　国内外文献综述

1.2.1　国外研究现状

金融集聚系统的成熟是国外学者对金融集聚理论研究的成果。在研究过程中，不仅有知识体系的富集，而且有大量的实践经验积累。其研究主要集中在金融集聚的动因分析、演化、测度和经济效益等。

在金融集聚的定义和动机方面。19世纪末，马歇尔提出了产业集聚的概念。随着公司的不断深化和理论研究的拓宽，金融集聚应运而生。关于金融集聚动因的分析是学者研究的重点。Kindleberger（1973）是美国著名的经济学家和历史学家，他详细解释了上述理论，认为在规模经济的带动下以银行为代表的金融机构逐渐趋于选择经济发展较好、交通较为便利的某些特殊地区，这就是初步金融资源的聚集。在规模经济的驱动下，更多的金融机构开始向上述特定区域聚集，这一区域对金融投资者的吸引力也随之增强。韩国经济学家 Park（1982）的研究重点是跨国银行和国际金融机构，即当一个地区的金融资源随着规模和数量的扩大而扩大时，这一区域将在某种在外部规模的推动下形成金融中心，所有金融机构实现资源共享、信息互通，减少了生产与消费之间的中间环节，交易成本降低，使得金融集聚为其发展创造优势。Paola 和 Diego（2021）认为金融集聚与银行总部在同一地区的数量有着密切的关系，并且金融集聚是总部机构之间通过信息共享和资源交换，使内部和外部联系越来越紧密，从而导致金融活动集中在这一特定区域而产生的现象。他们以欧洲金融结构为研究对象，采用区域研究视角，认为导致金融集聚的动机主要为外部驱动和历史因素两个方面。Bartolomé 等（2022）通过分析产业集聚对西班牙电力供应行业组织间合作程度和企业创新绩效的影响发现，产业集聚与合作是提升企业发展质量的关键因素。如果某一特定地区发生了产业集聚，那么银行、证券等金融机构就会跟进。金融机构在为产业集聚提供高质量服务的同时，其自身也完成了金融的集聚。纵览文献，我们发现在对金融集聚定义及动机的研究中，学者普遍认为金融集聚是金融机构向经济条件好、产业群体多、政策条件优越地区群聚的过程，并且金融集聚普遍以提高资源配置效率、促进绿色创新金融发展以及形成规模经济为动机。

关于金融集聚的经济效益。Schinnpeter 和 Joseph（1921）研究了金融集聚与经济发展之间的关系，这也是学者第一次研究它们之间的关系。研究表明，金融集聚可以促进区域内实体经济的发展，同时也归因于货币量的增加。Gehrig（2008）提出了新的观点，即金融集聚并不是简单的越高越好，而是应该有选择地进行集聚，有针对性地选择对证券信息变化具有敏感性的金融资源向金融资源集聚区汇集，才能对经济增长起到正向作用；否则当证券信息变化迟钝的金融资源企图免于向中心汇集时将不利于经济的发展。其主要目的是将金融资源有选择性地引导到金融中心。Stefano 等（2022）通过研究欧洲开发性金融机构对创新的金融支持，发现 DFIs（开发性金融机构）与其他投资者进行协同合作对金融行业集聚效应具有重要作用。Magdalena（2023）将金融系统模型纳入 ESG 风险分析，并结合企业部门进行分析，以此创新视角探讨了金融机构与企业合作模式以及 ESG 风险的管理。他认为在企业向可持续性发展转型中，金融机构扮演着重要角色，金融集聚伴随产业集聚出现，并且两者相互依存，还发现金融机构集聚对企业具有降低融资成本及提高企业竞争力和价值的经济效益，也能够增强银行声誉和稳定性、影响投资者决策和提高行业收益。通过文献分析发现，学者普遍认为金融集聚对绿色金融创新发展、提高企业发展质量，以及形成规模效益等方面具有显著的正向促进作用。

1.2.2　国内研究现状

与国外相比，"金融集聚"是一个新名词。国内金融集聚的研究起步较晚，但发展速度远远快于预期。在目前中国体制已经逐步成熟的基础上，国外学者和前人的理论研究不仅是一个参考，也能扩展和补充理论内容和实践。综上所述，国内学者对金融集聚研究主要集中在金融集聚的原因、金融集聚、金融集聚水平的测量以及金融集聚效应的演化。

关于金融集聚的形成原因。国内学者普遍认为金融集聚化发展是现代经济发展的产物，在区域经济中发挥着重要作用。黄解宇（2008）加入空间经济学的思想梳理了金融业的国内外发展规律发现，与传统产业不同，金融集聚带来的规模经济和集聚本身存在协同效应，两者相互加强。蔡强等（2023）认为，为充分发挥金融集聚效应，我国应制定区域金融集聚圈内均衡协调的发展机制，打破城市群分割现状，推进金融资源与服务线上线下融合发展，构建高质量、高水平的产业生态圈。

关于金融集聚的演化。随着研究的深入，金融集聚的内涵也在不断发生变化。国内学者对金融集聚的演化研究最早由张凤超（2003）提出，他是这方面研究集大成者，张凤超借鉴经济地域运动理论的研究成果，创新性地提出金融地域运动这一概念，他将金融资源按照一定规律向某一区域聚集的现象称为金融地域运动，并将金融集聚扩展为金融资源在某一区域的重新配置、按需组合，即金融资源对区域的选择和发展适应。而这一运动的实质就是金融效率的提高和调整。这为金融集聚演化的研究提供了新的视角。通过 Logistics 模型，他将金融集聚的发展分为四个阶段：孕育期、成长期、成熟期和衰退期。他收集各个省份 1978~2010 年的数据进行验证分析，认为北京在 2006 年进入到了成长期，并在 2012 年前后进入成熟期。张凤超（2006）在之前学者研究的基础上提出金融集聚演化论，他认为金融资源在地理分布上具有非均性的特点，随着金融资源向某一区域运动，这种非均性就会更加明显，从而形成不同等级的金融区域，他将这些区域具体分为：金融支点、金融增长极和金融中心。而这些等级之间是顺序演化的，随着金融集聚水平的提高，某些金融支点会合并成为金融增长极，而其他金融支点则成为此类金融增长极的金融腹地，同时随着金融集聚的发展，发展最为成熟的金融增长极会成为金融中心，其他金融增长极会成为其金融腹地。谢漾（2022）认为中心城市的政府干预会加剧金融虹吸作用，城市创新能力和城市群功能分工则会增加中心城市金融辐射能力。

关于金融集聚的效应。目前关于金融集聚的效应多是从经济效应方面展开分析的。于斌斌（2017）通过采用 285 个地级以上城市 10 年的数据，分析得出金融集聚通过促进产业升级影响城市经济增长的结论。王韧等（2023）认为，城市群范围内的金融要素集聚不仅会对区域绿色技术创新产生明显的本地促进效应，也会同时形成显著的空间溢出效果。

1.2.3　文献综述

总体而言，当前国内外学者对金融集聚的研究较为全面，研究主要聚焦在金融集聚和城市经济发展方面，而研究领域主要涉及"丝绸之路经济带"的东部地区。目前，我国经济增长的方式与金融发展方向已经发生了重大转变，通过深入分析发现仍然存在以下问题：

首先，本书认为要评估一个经济区的金融水平，不仅要考虑其金融集聚水平，还要兼顾该区域的金融辐射域，即在地理位置上可能对周边地区产生多大强度的辐射效应。关于这两方面的结合，现有文献的研究仍有深入分析的余地。对金融中心的选址问题，要么完全依靠实践经验单纯考虑地域因素，要么过于专注数据结果考虑地区金融发展水平。而如果不综合考虑两方面因素，金融中心的发展潜力就极易被忽略。

其次，实用性有待提升。已有研究成果仅限于发现问题，而忽略了如何解决问题，在没有考虑实际情况的基础下提出了建议和对策，导致实施起来困难重重。或研究仍处于理论阶段，尚未提出具体的实践方案。因此，建立一个全面且系统的金融集聚评价指标来评价区域金融的金融集聚指数（以西北经济区为例）和该地区重要城市的金融集聚力就显得至关重要，从而综合得出建设区域金融中心的合理对策。

再次，"丝绸之路经济带"的研究仍处于初级阶段，对"丝绸之路经济带"的金融集聚水平与金融中心选址问题尚未得出系统性的结论。"丝绸之路经济带"是当下新的经济发展反响，被认为是"世界上最长、最具有发展潜力的经济走廊"，也是中国与中亚乃至欧洲进行经济贸易的通道。对"丝绸之路经济带"各方面的研究还是比较欠缺，尤其是在金融方面。对"丝绸之路经济带"的区域经济金融中心问题的研究还处于理论研究阶段，数据实证研究支撑并不多，而对"丝绸之路经济带"金融集聚问题的研究更是几近空白。

最后，大多学者都以各个区域为研究样本，对金融集聚和金融中心建设进行深入研究，为后人提供了大量借鉴经验，但这些研究大多集中在经济较为发达的省份，很少有文献聚焦于欠发达地区。对"丝绸之路经济带"西北五省金融集聚水平和金融中心建设问题的研究可弥补经济欠发达地区的金融集聚与金融中心建设研究的不足。

1.3 研究思路和方法

本书以"丝绸之路经济带"中国西北段为研究样本，首先在研究分析"丝绸之路经济带"中国西北段金融集聚空间组织和结构演变的基础上，运用计量经济模型对"丝绸之路经济带"中国西北段的金融集聚水平进行测度，选出"丝绸之路经济带"中国西北段的候选金融中心。

其次使用 Wilson 模型测量候选金融中心的财务辐射范围，考虑金融集聚水平和金融辐射域水平等因素，研究西北五省的现有金融结构，并在"丝绸之路经济带"的背景下，构建一个有利于西北五省整体发展的金融中心。具体的研究思路和技术路线如图1-1所示。

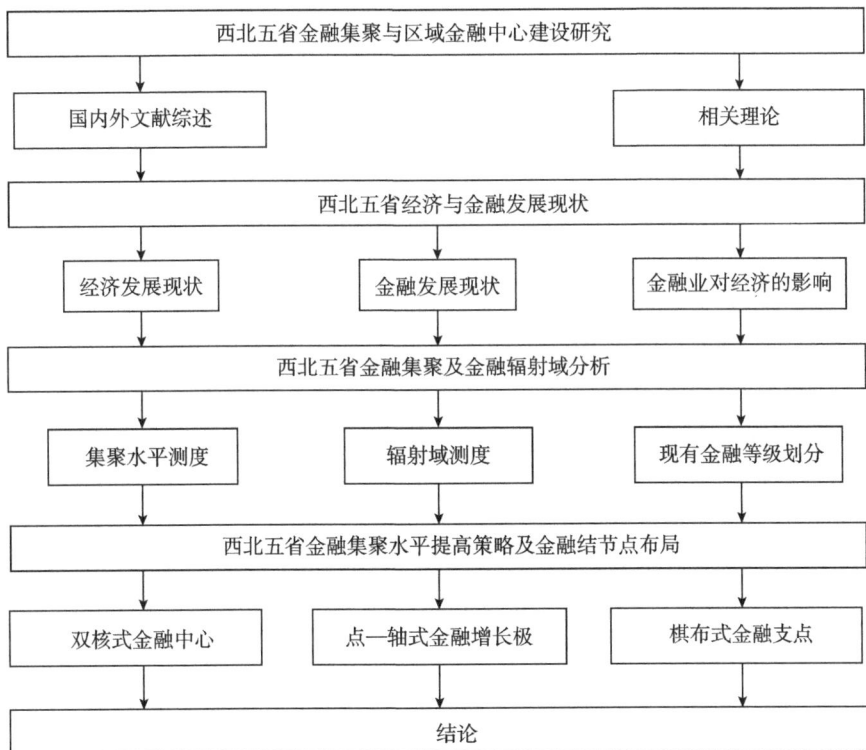

图 1-1 研究思路和技术路线

1.4 创新之处

1.4.1 在学术思想

本书理论与实践相结合，在西北五省区域金融中心的选择过程中兼顾金融集聚程度与地域条件因素，更加注重备选城市的未来发展潜力，同时注重研究成果的可实施性，降低实施过程中的阻力。

1.4.2 学术观点

本书认为对一个经济区的金融水平进行评价，不仅要考虑其金融集聚水平，同时也要考虑其金融辐射域，即其在地理位置上能对周边区域产生多大的辐射效应。

前人关于西北五省建立金融中心的争议主要集中在金融中心的选择是西安还是兰州，本书结合"丝绸之路经济带"建设的时代背景，提出在西北建立分工互通、合作共赢的"西安—乌鲁木齐"双核式区域金融中心构想。

第2章 金融集聚和辐射效应以及金融中心的理论基础

2.1 "丝绸之路经济带"相关理论

2000多年前，亚欧大陆勤劳勇敢的人们探索出了连接亚洲、欧洲和非洲的多种贸易和人文交流渠道，后代将它们统称为"丝绸之路"。两千年来，丝绸之路的精神，即"和平合作、开放包容、互学互鉴、互利共赢"，代代相传，促进了人类的进步，是促进沿线国家繁荣与发展的重要纽带。合作的象征是世界所有国家共享的历史和文化遗产。进入21世纪后，在和平、发展、合作、共赢的新时代，面对复苏乏力的全球经济形势、复杂的国际和地区形势，继承和弘扬丝绸之路的精神更加重要和珍贵。

2013年9月，习近平主席在哈萨克斯坦纳扎尔巴耶夫大学发表重要讲话，提议共同建设"丝绸之路经济带"。"丝绸之路经济带"是一个基于"古丝绸之路"概念的新经济开发区。"丝绸之路经济带"东部为亚太经济圈，西部为欧洲经济圈，被认为是"世界上最长、最具有发展潜力的经济大走廊"。第三届"一带一路"国际合作高峰论坛于2023年10月在北京举行。习近平主席宣布中国支持高质量共建"一带一路"的八项行动，强调中方愿同各方深化"一带一路"合作伙伴关系，推动共建"一带一路"进入高质量发展的新阶段，为实现世界各国的现代化作出不懈努力。

2.2 金融集聚相关理论

金融集聚来自产业集聚的概念。经过数百年的研究，这一概念已经非常成熟，在国内外学者的研究过程中已经形成了许多成熟的理论。

2.2.1 金融地理学视角下的金融集聚

金融地理学的思想源于区域经济学，区域经济学使地理与经济发展建立了联系。区域经济学对经济发展与城市所处区位进行了研究，并且在这门学科中综合运用了地理学的一系列理论知识与研究方法，得出的理论成就包含金融地域相关论等。国内在这方面具有显著成就的学者是张凤超（2006），他指出，可以将地理区位与金融集聚相联系，并且由此得出了金融地域相关的结论。张凤超提出，在区域内部，随着经济水平的不断提高，金融发展将出现不平衡的局面。每个城市和地区的金融业都将变大或变小，金融效率也将不均衡。这些金融资源的异质性将导致金融业发展的差异性，这种差异将导致经济发展的不平衡，进而资源也会往发展水平较高的地区流动，并且这种现象会呈现愈演愈烈的趋势。

随着金融行业发展逐渐呈现差距，会导致效率出现差距，如果将效率的差距定义为金融级别，那么随着效率的不断变化，金融级别也处于不断变化的状态中。当金融集聚发展到一定层次后，随着区域竞争的加剧，金融资源的合理配置将发生，城市所处的金融等级也会出现变动。金融行业发展较好的城市将成为金融区域发展的重要增长极，发展较差的城市将继续维持原来的发展状态。随着金融集聚水平的提升，该城市成为新的金融增长极的要地（见图2-1）。

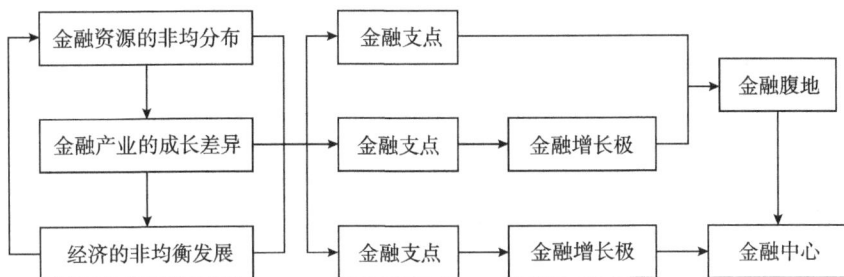

图 2-1　金融等级演变示意图

2.2.2　辐射效应下的金融集聚

综观影响金融集聚的因素，金融辐射效应是重要影响途径之一。从辐射效应方面来看，主要是扩散效应，具体是指金融集聚过程中优势区域对较落后地区的辐射带动作用。依据张凤超（2006）在金融地理学理论上的划分，将那些在金融发展上具有带动作用的地区称为金融增长极。对于增长极的研究，主要集中于增长极的辐射半径。方茂扬（2009）综合运用主成分分析法，对珠三角的城市进行了分析，对深圳和广州的增长极作用进行了研究，并对它们周边地区的辐射带动作用进行了排名。同时，运用威尔逊模型测量了两个城市的辐射半径。

金融发展水平的差异是金融集聚效应的基础。一个国家或地区不可能均衡发展。金融业是服务业，它的出现和繁荣有赖于当地的资源、人力、技术环境等。根据帕累托最优化原理，配置效率较高的地区总是吸引更多的资源流入，形成集聚区。一方面，金融集聚区一旦形成，将继续吸收资源，加强自身发展。另一方面，作为一个开放的系统，各区域间的合作将继续加强，随着资金参与者的流动，集聚区的技术和知识将逐渐增加，继续深化周边发展，带动周边金融业和相关产业发展。

金融资源差异是金融集聚的动力。金融资源在不同地区具有不同的分布特征，而这种差异又与区域发展水平有关。各类金融要素的机制和发展轨迹不同，其参与区域的形式也明显不同。当金融集聚发展到一定程度时，资源分配水平趋于饱和，资源之间的竞争加剧。在这些压力下，一些低层次的金融要素倾向于流向周边地区，从而为核心地区留出更多空间。同时，随着金融资源的流动，技术和知识继续流向周边地区，带动了周边地区的经济增长。

辐射效应是促进金融业升级的必然要求。金融的本质是为融通资金，缩小储蓄与投资的差距。金融业的经营效率对经济的运行有重要影响。在金融行业集聚的过程中，金融业也在实现自身的优化升级。在集聚形成的区域内部，经济发展、金融条件、基础设施等方面具有相对明显的优势，可以不断吸引周边地区的金融资源。然而，当它达到最大容量时，高端资源会把部分低端资源挤出。

2.2.3　城市视角下的金融集聚

人们的生活以城市为基础，城市是经济发展的度量单位，金融集聚的发生也是以城市作为依托。因此，应以城市为单位对某个地区的金融集聚进行分析，并进行金融集聚研究。在研究过程中，涉及的理论主要有扩散效应和极化效应的相关理论，这两个效应包括在城市不断发展过程中金融集聚对其产生的影响。赫芬达尔、赫希曼提出了金融极化效应和金融扩散效应的理论，他们认为，在经济发展过程中，金融两极分化和金融扩散可以并存，在不同的发展阶段可以呈现不同的发展态势。

Mydra（1957）认为，两极化趋势是经济发展过程中的常态，并将这个趋势命名为金融极化效应论。在优势城市，由于其在信息和地理等方面的突出优势，金融资源也会被吸引到此。因此，这些区域会对金融资源形成巨大吸引力，这些资源主要包括人才、信息、机构等，当这些因素碰撞在一起时，将继续改善其金融体系并调整金融资源的最佳配置。最终的结果是，吸引了巨大资源的城市会逐步成为该区域的金融中心，并发挥辐射作用，对周边地区的发展起着巨大的带动作用。

Hirschman（1958）指出，当金融集聚达到一定的规模之后，会发生地区与地区间金融发展水平的两极分化，这就会导致优势城市成为主导该区域发展的中心城市，与此同时，该优势城市会与周边城市建立起联系，发挥城市的辐射作用，将人力、货币、技术、交通、信息等资源与周边共享，提升周边城市的发展水平。

2.3 金融中心相关理论

2.3.1 金融中心形成理论

如何在目标地区建立金融中心，国内外学者做了大量研究。在大多数学者看来，对研究型金融中心所做出的研究行为只是从城市这个方面出发，从而对区域性金融集聚问题进行探讨。少数学者认为，金融中心的功能成为衡量目标城市金融集聚能力的本质。在达到相应的水平后，由此而产生的金融扩散效应作用也逐步显现出来。进一步将其研究进行完善后，金融中心形成理论的主要研究方向转为金融中心的形成过程。其中涵盖了区位优势理论、规模经济理论、金融地理学理论和政府支持理论。

从研究区位因素方面入手，部分学者考虑到，将目标城市打造成金融中心的一大推动因素是基于其优越的地理位置。David 和 Meyer（2016）指出，深圳不仅能够较好地利用内地网络资源，深圳本地银行还能登录访问香港金融网络。由于深圳靠近金融网络中心——香港的特殊位置，相较于内地的金融中心有较高的增量收益。因此，即便深圳的金融业地位在中国的网络中较为特殊，但深圳也期望发展为国际性的金融中心。只是在深圳拟建一个对中国资本账户开放的实验室——前海金融区，不足以推动深圳发展为国际金融中心。David 和 Meyer 实证研究的重心落在对深圳与香港的金融网络之间关联性的分析，深圳金融企业参与南方地区经营活动水平在很大程度上能够决定深圳建设国际金融中心的未来走向。

通过对经济规模的研究分析，潘英丽（2003）认为，经营成本较低、金融基础设施发展完善、拥有较为优惠的税收政策的城市更受金融机构在选址时的青睐。目标城市能够成为金融中心，最重要的是金融资源和城市的进一步结合。冉光（2007）通过具体的论证依据指出，一个地区期望发展实体经济的快速手段是通过与周边地区交换各自的金融资源，从而使市场能够产生更大的金融需求，进而能够向此地区输送更多的金融资源；此外，金融市场通过对丰富的金融资源进行聚集，也能促进市场的良性竞争，从而推动金融市场进一步完善发展，最终能够成为该地区的金融中心。庞双双（2017）基于上海金融中心，对其金融中心及产业结构作出一系列研究分析。产业结构的差异性造成了发达国家与发展中国家之间的区域差异。上海的产业结构主要由第三产业带动，其作为该区域的经济金融中心，对该地区经济增长与经济发展模式的实证分析尤为重要。研究结果显示，上海能够拥有较高的经济发展水平，是由于以金融业为首的第三产业发挥了重要作用，但这种经济发展模式也造成该区域的经济发展不够独立和稳定。

张凤超（2006a）从金融地理学的角度指出，金融异质性将使金融产业形成差异化发展。这种非均衡现象可以被认定为不同的金融级别，而不同的金融级别也会动态变化。在金融集聚达到特定的发展水平，伴随相关地区竞争的出现，将会合理配置金融资源，目标城市的金融等级也将会被重新划分。发展较为充分完善的金融支点将会成长为金融增长极。而随着金融集聚水平的进一步提高，相对落后的金融支点的发展保持了原有地位，成为新的金融增长极的金融腹地。

从政府推动的角度来讲，李豫（2001）在分析建立新加坡金融中心的原因时指出，新加坡不仅是依靠优越的地理位置，更重要的是得到了政府配套的政策支持，从而发展成为金融中心。但他同时指出，应当肯定政府在推动地区金融中心发展建设中的重要贡献。根据当下中国的国情与经济发展模式，政府的推动作用更加必不可少。同时，依照新加坡能够成功发展为金融中心的模式，他也提出了相应关于如何构建上海金融中心的发展建议。

马天禄（2023）认为建设西部金融中心，要立足成渝实际，遵循客观规律，以更大力度的改革创新吸引金融资源集聚，更好地服务成渝地区双城经济圈高质量发展。

2.3.2　金融中心分类

对金融中心的构建一向是各学界学者热切关注的研究方向。不同的学者也从各自研究方向出发，制定了不同的金融中心类型划分标准。依照发展阶段来划分，Dufey 和 Giddy（1978）将金融中心划分为传统金融中心、金融转口中心、离岸金融中心三类。由于全球化经济发展带来金融创新，这种分类依据也随之产生。最具有代表性的传统金融中心是英国伦敦，而发展为金融转口中心最成功的则是中国香港离岸金融中心。

McGahey（1990）指出，金融机构根据财务功能划分，设立名义金融中心和功能性金融中心，以享受优惠政策。功能性金融中心是 21 世纪开展金融活动的地方。

Reed（1981）依照区域经济辐射程度将金融中心分为五类，分别是全球金融中心、国际区域金融中心、国家金融中心、区域金融中心和地方金融中心。其中前三类的典型代表城市为英国伦敦、法国巴黎和中国上海。西安作为西北五省的金融中心，很好地体现了区域金融中心这一划分。一般而言，各个省份的省会城市是地方性金融中心。

韩国学者 Park（1982）根据分工和地缘的不同，给出了四种类型的金融中心的划分，分别是会计中心、筹款中心、金融中心和托收中心。

而从形成动机等角度进行划分，黄解宇（2008）认为金融中心应当分为区位优势型、政策推动型和经济拉力型三类。前两类的典型代表城市为新加坡和中国香港，后一类的典型代表城市则为英国伦敦和美国纽约。

2.3.3　金融中心构建理论

金融产业对经济平稳快速发展具有推动作用。对于具体是如何发挥其推动作用的，相关研究将其划分为供给推动论和需求拉动论。金融中心在建设过程中的具体路径也会依照此理论。这是学者构建金融中心、研究金融中心发展战略的理论依据。

美国经济学家 Patrick（1966）提出了需求响应和供给指导理论。他着重指出，对金融中心的建设，经济发展和政府政策都能起到推动作用，利用两者之间的配合能较好地起到双重推动作用，其中"需求响应"是至关重要的影响因素。其具体发展路径为：经济水平的发展能够推动金融市场的完善与发展，最终能够成功建设金融中心。这种具体路径的发展要求其能够自然形成，更加依靠区域系统自我发展的能力，而不是依靠外部力量的推动。与其相反的是供应引导理论，该理论更加倾向于建设金融中心应当依靠外部力量的推动力，核心点是通过制定一系列税收优惠政策，利用政府的力量推动金融中心的建设发展。其具体路径为：政府利用政策倾斜等相应方式，使目标地区的金融资源慢慢开始集聚，以完善该地区的金融体系，从而进一步推动该地区的金融经济发展；当经济发展到达一定水平时，政府通过政策干预的手段，来保证经济市场的良性运转，促使目标地区金融中心发展更加成熟稳定，以达到利用金融体系推动经济发展的目标。

李豫（2001）建议应当重视政府在金融中心行程中所做的贡献。依照当下中国经济的发展情况，政府能够很好地推动金融中心的建设与发展。同时，他也建议利用新加坡金融中心的成功模型，提出建设上海金融中心的具体发展策略。

冯德连和葛文静（2004）对构建金融中心提出了一个相应模型——"轮式模型"，他指出成熟的金融中心之所以趋于成熟，是因为受到"推力"和"拉动"的影响。推力主要是历史、供给、城市选址及国家政策支持几方面因素；拉力主要是科技发展力量和经济发展的力量。

在地理位置上，中国通过相关金融战略城市，成为与全球经济金融功能、业务和产品密切相关的交易门户。参考香港、上海和深圳证券交易所上市的金融服务企业数据，可以发现，这些金融服务企业促进了我国金融公司业务向全球范围扩张，也在城市网络中塑造了我国金融中心的连接和定位。此次研究更加表明了中国城市在融入全球金融中心网络的过程中，香港的战略地位至关重要。并且，香港也能够在全球金融中心中占据一席之地。而英国伦敦和美国纽约这两个金融中心一向是我国构建金融机构时需要参考的重点模型。全球范围内的资本流动、金融格局日新月异的变化发展和我国金融机构的日益增多，表明我国许多城市也能够成为全球金融中心网络中的关键一环。

2.4　金融集聚和金融中心的关系

金融集聚是金融中心形成的基础，金融中心是金融集聚的最终结果。要想良好地构建金融中心，必须得创造条件使地区金融资源进行集聚。目前，部分学者发现，大部分关于金融中心的研究都是从城市的角度出发来研究一个区域的金融集聚。也有学者认为，当金融集聚水平达到一定水平时，金融中心的功能是城市金融集聚效应达到一定水平后的影响。

区域金融中心是指当金融集聚到达一定程度，金融活动和金融机构也相应地集中到目标区域，这时将会发展出较为完整的金融体系架构和金融市场。此外，学者也普遍认为，在目标区域建设金融中心并不意味着金融集聚就结束了。金融中心经济活动的发展和运行将会持续性地造成积极资源与金融活动参与进来，继续进行金融集聚。

张凤超（2006）在总结前人研究理论基础上提出了金融集聚演化理论。他指出依赖于目标地区内金融集聚区、金融资源与金融中心之间的关系，这种不均匀性将变得更加明显，从而形成不同层次的金融领域。他把这些地区划分了三类：金融支点、金融增长极和金融中心。这三类地区依照层级顺序依次进化。而由于金融集聚水平的不断提高与辐射范围的扩大，一部分金融支点的边缘将会逐渐重合发展。在发展中，最为成熟健全的金融支点将会成为金融增长极，其他金融支点将通过金融集聚的方式成为该金融增长极的金融腹地。因而，要想建立区域金融中心，不仅需要不断提高城市的金融集聚程度，还需要在目标区域对金融集聚进行实证检验，从而较为合理地选定区域金融中心城市。于斌斌（2017）在2003年以后的10年间，对285个地级以上的城市进行调查研究。根据调查结果研究分析出，金融集聚的现象会带来一个地区的产业升级，从而会对该城市经济发展水平造成影响。但是，目标城市不同的产业发展阶段、城市规划建设和人口规模也会在一定程度上使产业结构升级的效果不同。徐悦（2023）分析出多数省域的金融中心建设采取单中心模式，少数采取多中心模式。有条件的省域应适时采取多中心模式或构建多层次的金融中心体系，同时也要重视和激励外围城市的金融发展及其从业人员效用水平的提高。

第3章 中国西北段金融集聚空间组织和结构演变分析

3.1 中国西北五省金融与经济发展现状分析

陕西、青海、甘肃、宁夏、新疆作为我国的西北五省，无论是"古丝绸之路"还是如今的"新丝绸之路"，它们均是主要干道。从西部大开发到"丝绸之路经济带"建设，一直以来，国家对于西北的经济发展都寄予厚望并且大力扶持。经济发展与金融发展紧密相连，唇齿相依，密不可分，属于相互影响和促进的关系。本章通过简要介绍西北五省的金融和经济发展现状，利用金融中心选择的腹地理论，选择当下西北五省的区域金融中心作为样本，并对金融中心的发展进行简单的分析。

本节为了对西北五省的经济发展情况充分概述，特选取地域与人口、经济发展、人力资本、对外贸易环境和经济发展环境6个部分进行分析。

从表3-1西北五省地域与人口发展现状来看，西北地区疆土辽阔，但是人口稀少，五省的总面积达310.78万平方公里，占全国总面积的1/3。2022年，五省的总人口达10010万，占全国人口的6.93%。这种反差源自西北五省的特殊地理条件，更源自经济发展水平的落后，与此同时，经济发展深受人力资源缺失的制约。

表 3-1 2022 年西北五省人口发展现状

单位：万平方公里，万人，%

项目	陕西	甘肃	青海	宁夏	新疆	西北五省	全国	西北五省占比
区域面积	20.58	45.37	72.23	6.6	166	310.78	960	32.37
人口总量	4052	2553	609	746	2050	10010	144400	6.93

资料来源：《中国统计年鉴 2023》。

西北五省的经济发展呈现明显的"马赛克"现象。近年来，其生产总值保持较为平稳的快增长，如表 3-2 所示，2022 年西北五省地区生产总值为 70396 亿元，占全国 GDP 的 5.82%。从西北五省的 GDP 来看，均属于经济欠发达地区。从人均生产总值来看，西北五省人均生产总值为 65378 元，低于全国平均水平（84781 元）。而从人口数量的角度分析可知，占全国总人口 6.93% 的西北五省创造的经济总量仅占 5.82%，相比于全国平均水平，其发展水平是远远落后的。

表 3-2 2022 年西北五省经济发展现状 单位：亿元，元，%

项目	陕西	甘肃	青海	宁夏	新疆	西北五省	全国	西北五省占比
GDP 总量	32773	11202	3610	5070	17741	70396	1210207	5.82
人均 GDP	82864	44968	60724	69781	68552	65378	84781	77.11
财政收入	3312	908	329	460	1890	6899	108762	6.34
全社会固定资产投资	29422	7872	3447	3204	13327	57273	542366	10.56
社会消费品零售总额	10402	3922	842	1338	3241	19745	439733	4.50

资料来源：《中国统计年鉴 2023》。

　　基础建设资金来源有待扩充。基础设施建设是各省份增强自身竞争力的非常重要的渠道，不仅能提高本省份人民的生活水平，同时也能为经济和金融的发展提供较好的环境。财政收入是政府进行基础设施建设以及为金融业提供经济支持的资金源泉。就财政收入来看，由表 3-2 可知，2022年西北五省的财政收入为 6899 亿元，同年全国的财政收入为 108762 亿元，占全国总财政收入的 6.34%。在西北五省中，陕西和新疆的财政收入分别为 3312 亿元和 1890 亿元。同年，甘肃省的财政收入为 908 亿元，宁夏和青海的财政收入分别为 460 亿元和 329 亿元。从全社会固定资产投资来看，2022 年西北五省全年的固定资产投资占全国的 10.56%，其中，陕西的固定资产投资为 29422 亿元，新疆为 13327 亿元，甘肃为 7872 亿元，青海和宁夏分别为 3447 亿元和 3204 亿元。从整体水平而言，财政收入较全国平均水平还是有差距的，但从社会固定资产投资角度来看，还是达到了平均水平，基础建设资金来源有待扩充。

　　由表 3-3 可知，西北五省除陕西省之外，均出现人力资本欠缺的现象。人力资本一向是金融业乃至经济发展的重要资源，从就业人口的数量、在校大学生的数量上可以分析，陕西的在校大学生数量为 130.40 万人，且远远高于其他省份，其在校大学生数量多的原因与西安是一座文化教育都市密不可分，这为陕西提供了源源不断的人力资源，促进陕西经济的发展。宁夏和青海在校大学生分别为 17.20 万人和 8.10 万人，在人力资本方面存在短板，这个现象严重制约着青海和宁夏的经济发展。

表 3-3　2022 年西北五省在校大学生人数　　　单位：万人，%

项目	陕西	甘肃	青海	宁夏	新疆	西北五省	全国	西北五省占比
就业人数	2066	1307	256	336	1273	5238	73351	7.14
在校大学生	130.40	64.80	8.10	17.20	61.14	281.64	3659.41	7.70

资料来源：《中国统计年鉴 2023》。

如表 3-4 所示，西北五省中个别省份的经济环境较好，存在较大的优势，但西北五省的总体水平还是较低，仅占全国进出口总额的 1.92%，其中进出口总额较高的为陕西（714.80 亿美元）和新疆（366.00 亿美元），这主要依赖于陕西较为成熟的经济发展环境和新疆的口岸优势，而青海的进出口贸易总额较低，宁夏可以通过打造优势的品牌发展，借助新疆的边境口岸优势和陕西的交通便利，加大进出口贸易的发展力度。从外商投资企业注册资本情况来看，西北五省总体吸引外商投资力度较小，尤其是新疆，对外贸易环境仍处于发展期，发展潜力巨大，西北五省应该借助新疆的边境口岸优势和陕西的交通便利，合理定位自身，为进出口贸易打开通道促进其发展。

表 3-4　2022 年西北五省对外贸易发展现状　　单位：亿美元，%

项目	陕西	甘肃	青海	宁夏	新疆	西北五省	全国	西北五省占比
进出口总额	714.80	85.80	6.10	32.20	366.00	1204.90	62701.10	1.92
外商投资企业注册资本	1053.00	333.00	58.00	159.00	360.00	1963.00	138731.00	1.41

资料来源：《中国统计年鉴 2023》。

随着电商和对外经贸的发展，物流发挥的作用也愈加重要。陕西和新疆的物流发展环境较好，甘肃紧随其后。如表 3-5 所示，西北五省的客运总量和货运总量分别为 37353 万人和 393051 万吨，从人口角度来看处于较为中等的水平，其中客运量和货运量较高的省份为陕西和新疆。由此可知，西北五省的物流行业仍需努力发展，继续在经济发展中发挥作用，创造良好的贸易环境，促进"丝绸之路经济带"更好的发展。

表 3-5　2022 年西北五省物流发展现状

单位：亿元，万吨，万人，%

项目	陕西	甘肃	青海	宁夏	新疆	西北五省	全国	西北五省占比
邮电业务总量	640.42	347.40	100.76	128.57	417.44	1634.59	31817.78	5.14
货运量	164723.00	72945.00	18467.00	48623.00	88293.00	393051.00	5152571.00	7.63
客运量	13372.00	8013.00	1118.00	2701.00	12149.00	37353.00	558738.00	6.69

资料来源：《中国统计年鉴 2023》。

综合以上分析，西北五省的经济发展与全国经济发展水平相比，仍有一定差距需要追赶。

3.2　西北五省金融发展水平现状分析

区域金融业的发展具有动态性与空间性，而金融业发展需着重思量其空间性与时间性。本节通过不同行业金融发展现状和金融发展专业化水平两方面综合评价西北五省的金融业发展水平。

3.2.1　西北五省银行业金融发展现状

作为传输与流通金融资本的大动脉，银行在金融业发展中起到了举足轻重的作用。如表 3-6 所示，从年末贷款余额来看，2022 年，西北五省存款余额为 133851.12 亿元，其中，陕西为 62000 亿元，新疆和甘肃分别为 30848.12 亿元和 24896.4 亿元，青海和宁夏分别为 7621.73 亿元和 8484.87 亿元。

表3-6   2022年西北五省银行业发展现状   单位：亿元

省份	陕西	甘肃	宁夏	青海	新疆
存款余额	62000.00	24896.40	8484.87	7621.73	30848.12
贷款余额	49000.00	25389.80	8969.70	7084.76	27866.29

资料来源：《中国统计年鉴2023》。

就其所占份额来看，陕西占比为46.32%，所占份额较大，而甘肃和新疆占比分别为18.60%和23.05%，宁夏和青海占比分别为6.34%和5.69%。而年末贷款余额与年末存款余额呈现同样的趋势，西北五省贷款余额为118310.55亿元，陕西省年末贷款余额为49000.00亿元，甘肃省和新疆分别为25389.80亿元和27866.29亿元，宁夏和青海年末贷款余额分别为8969.70亿元和7084.76亿元。就贷款余额所占比例来看，陕西占比41.42%，相较于存款余额的46.32%，所占比例有所下降，甘肃和新疆占比分别为21.46%和23.55%，相较于存款余额所占比例变化不大，而宁夏和青海贷款余额所占比例相较于存款余额所占比例有所提升，分别为7.58%和5.99%。

这一现象可用存贷比来进行解释和说明，即银行贷款总额/存款总额，从银行盈利的角度来讲，存贷比越高越好，因为存款是要付息的，即所谓的资金成本，如果一家银行的存款很多，贷款很少，就意味着它成本高，而收入少，银行的盈利能力就较差。2022年末全国的存贷比为82.85%，而西北五省的存贷比为88.39%，其中宁夏为105.71%，甘肃为101.98%，青海和新疆分别为92.95%和90.33%，而陕西为79.03%。

甘肃和宁夏银行机构的盈利水平较高，甘肃和宁夏的资本数量在西北五省中处于相对较少的位置，但其资本使用效率却较高，具体解释来说就是虽然其资本数量有限，但却在最大程度上发挥了资本的功能，最大程度地提高了资本的使用效率。同时也反映出，甘肃和宁夏对资金有较大的需求，而随着经济的发展和"丝绸之路经济带"的建设，其省内资本远远难以满足省内需要。对于青海和新疆的存贷比来说，属于比较稳健的水平，但也不排除其对资金的需求。至于陕西的 79.03%，这算是比较低的水平，这可以解释为陕西省的资本需求小于资本供给，所以造成了很大一部分资金的闲置，这也可以解释为其经济发展增速下降，陕西有着较低经济基数，曾经也有经济腾飞的时期，现在发展却处于瓶颈，是应该等待"丝绸之路经济带"为其带来新的发展契机还是将其闲置资本流向资本低洼，这都需要尽快进行选择。高的存贷比同样伴随高的经营风险，较低的存贷比固然是可以降低银行的经营风险，但同时制约着银行的盈利能力，从大的方面来说，也降低了资本的使用效率。

3.2.2　西北五省证券业发展现状

3.2.2.1　西北五省证券业发展现状

证券作为金融的另一部分，其行业的发展促使企业与客户能够资本交易面对面进行，如此可以反映客户对资本配置的真实想法与意愿，也能够反映市场促使资本流通速度提升，资本流通之中作为"毛细血管"的小股民的交易能够强化金融体系的生命特征，从而加速资本与经济的相融合，促使证券业的发展更能快速反映经济发展中出现的问题。

从股票市价总值来看，2022 年末陕西的股票市价为 13827.71 亿元，经济发展较好的新疆跟随其后，为 8519.28 亿元，而就单从数值来看，两者之间还是有一定的差距。甘肃为 3197.5 亿元，青海为 2263.68 亿元，宁夏为 1619.19 亿元，与其他省份差异较大（见表 3-7）。

表 3-7　2022 年西北五省证券业发展现状　　单位：亿元，家

省份	陕西	甘肃	宁夏	青海	新疆
股票市价总值	13827.71	3197.50	1619.19	2263.68	8519.28
流通股市值	11973.52	2416.51	888.14	2247.53	6367.36
上市公司数量	81	36	16	10	60

资料来源：《中国统计年鉴 2023》。

从流通股市值来看，陕西为 11973.52 亿元，反映具有较高的成长性，证券市场发展较为成熟，流通股市值占股票总市值的份额较大，说明股市较为稳定，难于操纵。新疆的流通股市值为 6367.36 亿元，与陕西的流通股市值占总市值比例相比，占总市值比例较小。宁夏的流通股市值为 888.14 亿元，接近总市值的 1/2，证券市场发展也较为不成熟。

从上市公司数量上来看，陕西为 81 家，而新疆为 60 家，甘肃、宁夏和青海分别为 36 家、16 家和 10 家，均为境内上市。从上市公司数量来看，也呈现三个梯队，其中陕西和新疆位于第一梯队，甘肃位于第二梯队，宁夏和青海位于第三梯队。新疆和陕西虽位于同一梯队，但新疆更有优势，那就是拥有境外上市的公司，在"丝绸之路经济带"的大背景下，有利于吸收境外资本，提高新疆企业的国际信誉和知名度，带来丰富的国际合作资源，吸引高质量的投资者。

由此可知，关于证券业发展水平，新疆在西北五省中毋庸置疑地处于较为领先地位，较高的流通市值所反映出的股市的稳定性和境外上市对境外资本的吸收尤其值得称赞，这一系列优势促使新疆的证券市场成为西北五省之中发展较为成熟的证券市场。这与新疆优越的地理位置和丰富的资源密不可分。而在"丝绸之路经济带"的大背景下，这一优势的作用也更加明显，成为新疆经济发展的新动力，会为新疆经济的发展带来新的契机。陕西的证券业发展虽然较好，但其没有新疆的地理位置优势，甘肃和青海处于西北五省的中间水平，有进一步上升的空间，宁夏的证券业发展则还处于初级阶段，还有很长的路要走。

3.2.2.2 西北五省保险业发展现状

作为经济发展的"稳定器"，保险业的发展在大量研究中被证实有助于经济增长。从其性质来看，保险业作为风险转移服务的提供者，可以起到对微观个体或宏观经济平滑经济周期与降低经济危机影响的作用；保险业作为金融市场的参与者提高了内部竞争促使消费者通过组合等方式降低平均风险。因此，保险业对经济增长的影响，不是仅仅局限在其作为社会稳定器的方面，更能够体现在保险业活动和结构的发展对实体经济的影响，保险业还可以成为经济增长的"助推器"。

3.2.3　西北五省保险业发展现状

首先，就保费收入而言，2022 年末西北五省保费收入为 2596.44 亿元，而同年全国的保费收入为 46957.18 亿元。西北五省保费收入占全国保费收入的 5.53%，西北五省占据全国 32.37% 的土地面积、6.93% 的人口、28.4% 的经济总量，而保费收入仅为全国保费收入的 5.53%，可以看出，西北五省的保险业发展较为落后，还处于发展的初级阶段，与其他省份差距较大，要追赶其他省份还要走很长的一段路。如表 3-8 所示，就西北五省中的省份具体而言，陕西省的保费收入为 1102.02 亿元，占西北五省总保费收入的 42.44%，所占份额非常大。新疆保费收入为 681.30 亿元，占西北五省保费收入的 26.24%，与陕西的保费收入差距较大。甘肃保费收入处于西北五省中等水平，保费收入为 490.90 亿元，占西北五省总保费收入的 18.91%。青海和宁夏保费收入分别为 106.39 亿元和 215.83 亿元，占西北五省总保费收入的 4.10% 和 8.31%，所占份额较低。因为受人口数量等因素影响，保费收入难以客观反映保险业的发展水平，故引用保险深度和保险密度加以说明。

表 3-8　2022 年西北五省保险业发展现状

单位：亿元，元 / 人，%

	陕西	甘肃	青海	宁夏	新疆
保费收入	1102.02	490.90	106.39	215.83	681.30
保险密度	2785.69	1969.90	1788.07	2964.70	2633.55
保险深度	3.36	4.38	2.95	4.26	3.84

资料来源：《中国统计年鉴 2023》。

其次，就保险密度而言，2022 年末，全国的保险密度为 3251.88 元 / 人，宁夏的保险密度在西北五省中靠前，为 2964.70 元 / 人，但还是略低于全国的保险密度水平。陕西为 2785.69 元 / 人，与宁夏相比还有一定的差距，但差距不大。新疆为2633.55元/人，这与陕西的2785.69元/人差距较小。甘肃和青海保险密度较低，分别为1969.90元/人和1788.07元/人。保险密度反映了该地区国民参加保险的程度，以及该地区国民经济和保险业的发展水平。

再次，就保险深度而言，甘肃的保险深度位于西北五省的首位，2022年末，全国的保险深度为3.88%，而同年甘肃的保险深度为4.38%，不仅高于西北其他省份，同时也高于全国水平，说明甘肃的保险业在国民经济中所占份额较大。新疆和宁夏次之，其保险深度分别为3.84%和4.26%，陕西的保险深度为3.36%，青海的保险深度为2.95%，与其他省份的差距较大。

最后，从保险机构和从业人员数量来看，2022年末陕西有保险机构2828家，从业人员169500人。而新疆的保险机构为2032家，从业人员135400人，新疆的保费收入比陕西少，而保险深度高于陕西，但保险机构和从业人员数量低于陕西。说明新疆的保险业有广阔的发展前景，但硬件设施跟不上，缺乏专业的保险人才，这是新疆保险业发展的短板，会制约新疆保险业的快速发展。2022年末甘肃共有32家保险公司，青海共有保险机构32家，宁夏有25家保险机构。

综上所述，陕西历经长期发展，其保险业已然发展成熟，也已到发展的"瓶颈期"，而新疆的保险业具有非常广阔的发展前景，但是专业人员的匮乏会制约新疆保险业飞速发展，甘肃保险业正处于稳健期，需要更好的经济条件对此进行进一步刺激，才能找到新的发展动力。而宁夏和青海保险业发展仍在初级阶段徘徊，有巨大的发展空间。

3.3 西北五省金融发展的专业化水平评价

3.3.1 区位熵模型

在区域经济学里，一个产业能否形成地区专业化部门，一般用区位熵来判断。地区工业总产值中该部门产值的比值，全国工业总产值中全国该部门产值的比值，这两者之间的比值就是区位熵。想要界定该产业属于专业化部门还是自给性部门，可以看区位熵，如果它大于 1，为专业化部门；小于或等于 1，为自给性部门。同时也可以得出区位熵越大，专业性越高的结论。想要测算该地区某个产业的专业化水平，可以通过计算该部门总产值中可以用来输出的产值所占的比重得出。即地区某产业专业化系数 =1–1/ 区位熵。在发展区域经济时，运用这个计算公式，提供定量分析数据的依据。Haggett 于 1965 年提出这一指标并应用在区位分析中。某行业地区比重和国家比重间的比值可以用来表示该行业的地区集聚。除此之外，这个专业化系数在一定程度上反映了在不同空间内，区域经济结构和经济关系，在某些指标衡量方面也是可以的，例如一个地区某行业的集中度指标。计算方法如下：

$$LQ_{i,t} = (S_{i,t} / S_i) / (Q_{i,t} / Q_i) \tag{3-1}$$

其中，$LQ_{i,t}$ 表示 i 地区在 t 时期金融集聚的区位熵指数，$S_{i,t}$ 表示 i 地区在 t 时期的金融产业产值或金融业的就业人数，S_i 表示 i 地区所有产业总生产产值或就业人数的总和，$Q_{i,t}$ 表示全国地区在 t 时期的金融产业产值或就业人数，Q_i 表示全国地区所有产业的总产业产值或总就业人数。一般而言，$LQ_{i,t}$ 指数越大于 1，说明该地区具有越高的金融集聚程度；LQ_i 指数越小于1，说明该地区具有越低的金融集聚程度。

本书选取金融产业作为研究对象，研究样本是金融产业的就业人数。选取区域里各年的数据和地区、地域内的数据，进行纵向和横向的具体解读并加以比较，所谓的集聚状态，即本产业在各个地区每一年的相对规模变化状态。各省份金融产业区位熵系数 =（各省份金融产业就业人数 / 各省份所有产业就业人数）/（全国金融产业就业人数 / 全国所有产业就业人数）。

3.3.2　西北五省金融集聚测度

本书通过对西北五省 2013~2022 年的数据进行分析和计算，得出了区位熵如表 3–9 所示，通过对时间序列的分析，可以进一步阐明西北五省金融专业化程度的结构演变。将西北五省看作一个整体，然后对其进行分析，可以看出，区位熵在2013~2022年呈现了整体下滑的趋势，由于金融集聚水平值小于1，证明西北五省的金融发展是专业水准比较低的。从表3-9中可以看出，2013年的1.01是西北五省金融水平专业化最强的时点，2021年的西北五省金融专业水平最低为0.86。从时间趋势来看，2013~2016年，呈小幅下降趋势，2016~2017年，区位熵从0.94提高到了0.95，这个数据表明西北五省2016~2017年金融专业水平呈现小幅上升的趋势，2017年以后开始呈下降的趋势，在经过了2021年的金融专业水平的低迷后，2022年后西北五省的金融专业水平呈现回升状态。就西北五省总体而言，其区位熵整体均小于1，说明西北五省对其他省份的金融辐射效应有限。

表3-9 2013~2022年西北五省区位熵变化情况

年份	陕西	甘肃	宁夏	青海	新疆	西北五省
2013	1.00	0.99	1.21	1.13	0.95	1.01
2014	1.00	0.94	1.20	1.14	0.91	0.98
2015	1.05	0.85	1.21	1.07	0.85	0.97
2016	1.07	0.78	1.17	1.01	0.79	0.94
2017	1.12	0.83	1.12	0.92	0.75	0.95
2018	1.08	0.76	1.12	0.91	0.77	0.93
2019	1.15	0.67	0.91	0.90	0.73	0.92
2020	1.08	0.77	0.89	0.85	0.81	0.92
2021	0.99	0.79	0.89	0.86	0.72	0.86
2022	0.95	0.83	0.91	0.90	0.79	0.88

资料来源：《中国统计年鉴》《陕西统计年鉴》《甘肃统计年鉴》《宁夏统计年鉴》《青海统计年鉴》《新疆统计年鉴》。

从各省份的数据来看，陕西在这些省份中金融集聚程度较好，从表3-9的数据可以看出，2013~2022年，陕西的区位熵平均水平为1，也就是说，它的金融集聚水平是相对高的，平均水平为 1，这有利于陕西发挥辐射作用，带动其他省份的发展，发展前景值得期许。再换一种角度，从表 3–9 中可以看出 2013~2019 年陕西的金融集聚水平并不是一直上升的，而是上下摆动飘忽不定的，但总体仍呈上升趋势。通过前文的经济数据和金融数据的描述，陕西的经济环境是西北五省中发展最好的，也是金融要素集聚的重要省份，通过集聚各种金融资源，陕西省发挥自己的辐射作用，带动其他省份发展。

总体来看宁夏区位熵比青海、甘肃和新疆都高，金融集聚水平在这三个省份之上，但是与陕西省整体的金融集聚水平相比较，还是有一些差距的，宁夏的区位熵整体接近 1，宁夏 2013 年的区位熵值为 1.21，2015 年一直保持在 1.21 的水平，随后 2016~2021 年呈缓慢下降的趋势，但在 2022 年，宁夏的区位熵值再次达到了 0.91 的水平，说明经过一年的低迷后又开始复苏，从宁夏的金融集聚水平可以看出，地理距离会影响自身金融专业化水平，在陕西的带动下宁夏有较大的金融专业化发展潜力。

青海的金融集聚程度处于西北五省的中间水平。但青海的金融业集聚水平从 2013 年的 1.13 下降到 2020 年的 0.85，一直呈缓慢的下降趋势，说明青海在这 8 年间的金融业集聚水平势头不好，尤其是 2017 年青海的金融集聚水平下降到 0.92，不能达到金融集聚的水平。可能仍旧处于自给性部门，渐渐地失去金融要素集聚的优势。

甘肃的金融业区位熵处于西北五省的较低水平，同时甘肃的区位熵呈现波动状态，从 2013 年的 0.99 下降到 2016 年的 0.78。甘肃的金融业区位熵自 2013 年起一直小于 1，说明甘肃在这段时间的金融业属于自给性部门，没有起到向其他省份辐射的效应。2017 年，甘肃的金融业区位熵骤升至 0.83，呈现出了上升的水平状态。但渐渐地，甘肃的金融业区位熵的趋势开始逐渐下滑到 2019 年的 0.67。2020~2022 年，甘肃的金融业区位熵的趋势开始逐渐上升到 0.83。这说明甘肃在逐渐改善经济环境状况提升金融要素集聚水平。

新疆的区位熵同样是呈波动发展，2013~2022 年，它的区位熵每年都是小于 1 的，这说明它属于自给性部门，意思是它无法满足外界需求，只能满足自己的需求。另外，从表 3-9 可以看出，2013~2022 年，新疆的区位熵上整体水平处于五个省份的最低值，且总体趋于下降水平，并在 2021 年达到近 10 年来的最低水平 0.72。2021~2022 年，它的区位熵开始呈现缓慢上升的态势，并在 2022 年区位熵达到 0.79，总体看来是比较好的走势，尽管这样，对比其他省份差距还是不小的。

总体来看，如图 3-1 所示，可以看出在区位熵方面，西北五省中，2013~2022 年，新疆和甘肃一直属于自给性部门，金融并不具有优势，它们自给性部门的特性使得新疆和甘肃只能满足自身需求。总体上不管横向还是纵向比较，西北五省的区位熵差别较大，发展不平衡，资源不均匀，进一步说明金融集聚发展差异性较大。

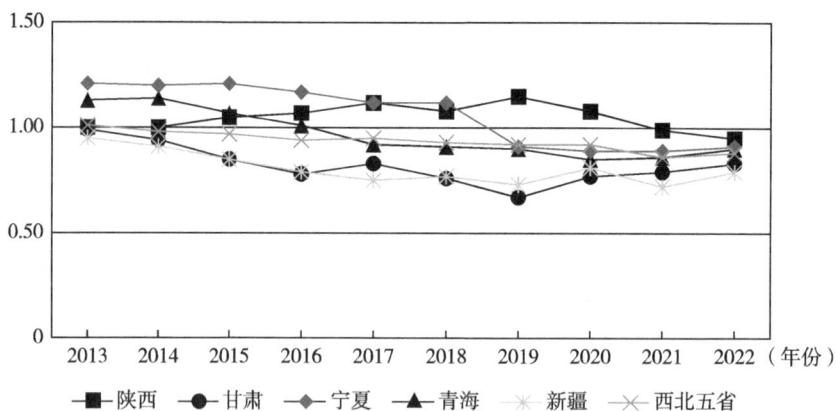

图 3-1 西北五省金融业区位熵水平

青海 2013~2016 年的区位熵都超过 1，但总体呈下降趋势，这表明金融业已经不是青海的优势企业了，也就意味着它对经济发展的作用微乎其微，这对提高青海省的竞争力具有不利影响。从图 3-1 中也可以看出，2018~2021 年，其区位熵上下浮动比较突出。

从国际来看，世界经济增速"见顶回落"的可能性增加，全球范围内的单边主义和贸易保护主义情绪加剧，金融市场对贸易局势高度敏感，全球流动性状况的不确定性上升。从国内来看，金融风险正在呈现一些新的特点和演进趋势，重点机构和各类非法金融活动的增量风险得到有效控制，但存量风险仍需进一步化解，金融市场对外部冲击高度敏感，市场异常波动风险不容忽视。2021~2022 年，西北五省的金融业区位熵逐渐趋于稳定，大部分省份处于缓慢上升的状态。以陕西为榜样，宁夏、甘肃、青海和新疆的区位熵上升指日可待，陕西的区位熵水平一直发展较为平稳，在西北五省中起到带头作用，由于其经济水平一直发展较好，所以其涨幅不是很大，可能是由于政策求稳才会有这样的趋势。随着"一带一路"的倡议提出，新疆的区位熵在 2013~2015 年接近西北五省的平均水平，如果继续按照这种态势，新疆成为金融辐射力大省也是极有可能的，继而发挥它的辐射作用，带动其他省份金融业的发展，这些都是可以达到的。这样看来，西北五省金融业前景一片光明。

就各个省份而言，通过分析区位熵体现出的西北五省的金融业专业水平的结构演变，我们发现，新疆金融业趋势趋于稳定，不管是在经济总量方面还是在金融集聚能力方面都具有极大的优势，新疆前景光明，发展潜力在西北五省也是最大的，未来可期。而宁夏受陕西的辐射，它的区位熵虽然较高，但是宁夏的经济总量并不算大，作用并不能充分发挥。相比较而言，陕西省经济总量明显较大，辐射作用大。对于青海来说，应该把经济和金融环境共同发展，经济是为金融要素的集聚打好基础的必要条件，要把握现今上升趋势的金融集聚水平，意图达到高水平的金融集聚水平。甘肃在这两方面需要一步一步地达到目标，提升自己，在金融业厚积薄发，大显身手。

西北五省金融业亟须活力注入，而丝绸之路的建设无疑做出了很大的贡献，但是，这离不开资金的支持，需要国家政策、人力、财力的援助，如果西北五省可以得到很好的发展，那么它的影响将会是极大的，不仅是西北五省，全国的经济都会被带动。金融业为"丝绸之路经济带"注入了活力，中国主导丝绸之路势不可当，因为中国是这条道路上的大国，并且亟须发展。金融是源头，主导金融也就主导了经济，要想发展这条道路，需要西北五省一起努力，再加上国家的支持，一定会前景光明。

第4章 金融集聚的空间格局与动态演进

强大的金融腹地是建立金融中心的核心。在省级范围内，陕西和新疆在金融业方面发展比较好，青海、宁夏和甘肃是需要加强金融要素集聚能力的省份，要建立金融中心就要有强大的经济腹地，这些省份的金融水平发展需要各主要城市发挥金融集聚效应，起到对外辐射的效应，故本章将针对各省主要城市的空间格局和动态演进进行研究。

4.1 金融集聚的空间格局

为了充分探讨我国西北五省金融集聚的程度以及差异，本章研究样本为西北五省的 30 个地级市（2010~2022 年的统计数据）。其中新疆属于比较特殊的省份，只有乌鲁木齐市和克拉玛依市为样本，但是新疆地域辽阔只选取两个样本显然不合理，我们根据数据可得性和《新疆统计年鉴》，加入 14 个地州城市数据作为对研究样本的扩充，由于阿拉尔市、图木舒克市和五家渠市数值缺失严重故剔除。其他城市的数据均来源于《中国城市统计年鉴》。在对区位熵进行测算时，我们选择各城市的金融业就业人数作为测算指标，测算结果如表 4-1 所示。

表 4-1　2010 年和 2022 年金融集聚区位熵的测算值

地区	2010 年	2022 年	地区	2010 年	2022 年
西安市	1.06	1.33	西宁市	1.30	1.26
铜川市	0.97	1.22	银川市	1.55	2.27
宝鸡市	0.80	0.76	石嘴山市	0.87	1.05
咸阳市	0.68	0.90	吴忠市	0.60	1.01
渭南市	1.05	1.24	固原市	1.18	0.89
延安市	0.99	0.32	中卫市	0.12	1.19
汉中市	1.25	1.78	乌鲁木齐市	1.51	1.40
榆林市	1.05	0.58	克拉玛依市	0.69	0.67
安康市	1.27	1.46	吐鲁番地区	1.21	0.90
商洛市	1.49	0.93	哈密地区	0.96	1.27
兰州市	0.84	1.04	昌吉回族自治州	1.08	1.23
嘉峪关市	0.82	0.68	伊犁哈萨克自治州	0.79	0.82
金昌市	1.03	0.48	伊犁州直属县（市）	0.98	0.94
白银市	0.91	1.10	塔城地区	0.54	0.66
天水市	0.70	0.62	阿勒泰地区	0.82	0.83
武威市	1.48	0.81	博尔塔拉蒙古自治州	0.72	0.91
张掖市	1.48	0.69	巴音郭楞蒙古自治州	1.02	0.89
平凉市	0.87	0.66	阿克苏地区	0.87	1.15
酒泉市	1.32	1.28	克孜勒苏柯尔克孜自治州	1.21	0.65
庆阳市	1.34	0.72	喀什地区	1.28	1.29
定西市	0.97	0.64	和田地区	1.18	0.57
陇南市	1.18	0.42	石河子市	0.78	1.23

资料来源：《中国城市统计年鉴》《新疆统计年鉴》。

区位熵相对其他衡量金融集聚的指标来说，起到了排除量纲的作用，并且解决了如产业集中度等指标随 N 的取值不同而异，不能得出唯一的值的缺点。从以上数据分析结果来看，西北五省各城市的金融业集聚程度存在严重的空间不均衡。大部分金融集聚水平较高的城市集中在经济总量较大、就业人口较多、基础建设较好的首府城市或首府城市的周围城市，说明金融集聚辐射度窄，基本上还没有达到区域金融中心的标准。

将 2010 年、2022 年"丝绸之路经济带"中国西北段各城市金融集聚水平的空间格局以等差分级图的形式展现。从区域视角来看，在关中平原城市群陕西辖区和甘肃河西走廊，其金融集聚程度尤为显著，2010~2022 年，两地区位熵均值分别达 1.41 和 1.26；相比之下，兰西城市群青海段、宁夏沿黄城市群、新疆天山北坡城市群以及环塔里木盆地的金融集聚程度相对较低且参差不齐。从省会城市来看，西安、兰州、银川、西宁和乌鲁木齐的金融集聚程度均处在本省份较高水平，且周围被其他高区位熵指数的城市围绕，如安康、商州和汉中以西安为中心呈半包围式的高聚集状态；而乌鲁木齐紧紧被吐鲁番、哈密、石河子等城市包裹。这表明，一是"丝绸之路经济带"中国西北段金融集聚水平在区域层面表现出明显的异质性；二是金融活动更倾向于向省域经济中心且等级规模较高的省会城市集聚。

进一步地，依据国家战略定位、市场环境、区位优势及 2010~2022 年西北段各省会城市区位熵指数的总体水平，本书对金融中心进行层次定位，并划分为区域金融中心、省域金融中心、省域金融副中心和地方金融中心四种类型。考察期内，乌鲁木齐和西安的金融集聚指数均值分别达 1.40 和 1.33。从短期来看，西安在经济规模、要素禀赋及市场环境等方面的潜力，具有培育区域金融中心的上先发优势。但从长期和整个国家战略的角度来看，作为"丝绸之路经济带"核心区，新疆毗邻中亚五国，南与伊朗、阿富汗等石油出口国接壤，且国界与巴基斯坦和印度相连，从地缘关系来看，此类国家皆是中国在能源进口、产能转移和贸易投资领域的重要伙伴，乌鲁木齐具有无可比拟的地理区位、人文底蕴和经贸合作优势。依靠国家战略支持，乌鲁木齐应充分利用区位优势加强与中亚国家的金融合作，包括货币互换、小币种挂牌交易及人民币离岸创新业务，或逐步形成东联西北五省，西接中亚国家的"哑铃型"区域性金融中心。同样地，西安应凭借良好的经济基础和金融市场环境，避免同质化发展与重复建设，将其培育成区域金融中心是理性之选。银川的金融集聚指数较高（2.23），可见其金融部门的专业化程度和活跃度，但同时根据原始的金融就业数据和银川市就业数据发现，该指数高的原因是其总就业人数较少造成了金融集聚指数畸高的问题。银川虽然拥有高度集聚的优势，但缺乏以金融人才为基础的内生发展动力，跨地区资源配置和辐射效应较弱，可作为省域金融中心，聚集资源服务当地经济发展，加速本土产业的资本运转。兰州和西宁的区位熵指数分别为 1.04 和 1.28，其金融集聚水平高于省内绝大部分城市，凭借厚实的经济基础、特殊的金融政策，也是列为省域金融中心的当然之选。此外，喀什地区的区位熵指数虽低于省会城市乌鲁木齐，但由于其有着国家批准对外开放的一级口岸以及其他陆续开放的口岸，是"丝绸之路经济带"中国向西开放的重要贸易投资平台，特别地，红其拉甫口岸正逐步建立各方面集聚的政策高地，包括人才、信息、商品等，喀什正逐渐成为中心城市，发挥辐射作用，带动西亚和南亚发展，是中国实现向西开放的一大窗口城市，我们认为喀什的定位应当是省域金融副中心，作为乌鲁木齐建设西北段区域金融中心的一大支点。而宝鸡、武威、克拉玛依等城市，金融集聚的辐射效应仅限于地方经济，可列为地方金融中心（见表 4–2）。

表 4–2 西北段城市（地区）金融中心层次划分

类别	城市（地区）
区域金融中心	乌鲁木齐、西安
省域金融中心	银川、西宁、兰州
省域金融副中心	喀什
地方金融中心	宝鸡、武威、克拉玛依等

4.2　金融集聚的空间动态演进

为进一步判断"丝绸之路经济带"中国西北段各城市（地区）金融集聚是否存在空间关联及空间结构的动态演变，本节使用全局自相关指数 Moran'I 和空间关联局域指标 LISA（Moran 散点图），对金融集聚的空间关联格局和特征进行刻画。全局 Moran'I 公式如下：

$$\text{Moran'I} = \frac{\sum_{i=1}^{n}\sum_{j=1}^{n} W_{ij}(Y_i - \bar{Y})(Y_j - \bar{Y})}{S^2 \sum_{i=1}^{n}\sum_{j=1}^{n} W_{ij}} \tag{4-1}$$

其中，Y_i 和 Y_j 分别表示 i 地区和 j 地区金融集聚的区位熵指数，Y 表示样本均值，n 表示地区总数；$S^2 = \frac{1}{n}\sum_{i=1}^{n}(Y_i - Y)^2$；$W_{ij}$ 表示空间权重矩阵，本节采用二进制的邻接空间权重矩阵，矩阵元素为当两城市相邻时取值为 1，当两城市不相邻时取值为 0。标准化的 Moran'I 统计量为：

$$Z = \frac{\text{Moran'I} - E(I)}{\sqrt{\text{VAR}(I)}} \tag{4-2}$$

其中，$E(I) = -\frac{1}{n-1}$ 为 Moran'I 的均值，$\text{VAR}(I) = \frac{n^2 w_1 + n w_2 + 3 w_0^2}{w_0^2(n^2-1)} - E^2(I)$ 为 Moran'I 的方差，$w_0 = \sum_{i=1}^{n}\sum_{j=1}^{n} w_{ij}$，$w_1 = \frac{1}{2}\sum_{i=1}^{n}\sum_{j=1}^{n}(w_{ij} + w_{ji})^2$，$w_2 = \sum_{i=1}^{n}\sum_{j=1}^{n}(w_{i.} + w_{j.})^2$，$W_{i.}$ 和 $W_{j.}$ 分别为空间权重矩阵 i 行和 j 列之和。

表 4-3 给出了 2010~2022 年"丝绸之路经济带"中国西北段 44 个城市（地区）金融集聚的 Moran'I 值，均为正，且其正态统计量 Z 值均在 10% 的显著性水平下通过检验。这表明各城市（地区）金融集聚水平在空间上并非表现出完全随机分布状态，而是呈现较强的正向空间自相关性，即金融集聚水平高（低）的城市（地区）与金融集聚水平高（低）的城市（地区）

相互邻近。进一步而言，Moran'I 值由 2010 年的 0.3060 增加至 2016 年的极大值 0.4450，后又呈减小的趋势降至 2022 年的 0.2598，可见西北段各城市（地区）金融集聚水平的正相关性总体为减弱趋势，但中间经历着先升后降的"波浪式"变化过程。

表 4-3　"丝绸之路经济带"中国西北段 39 个城市（地区）金融集聚的 Moran'I 检验值

年份	Moran'I	E（I）	Mean	Sd	Z-value
2010	0.3060**	−0.0192	−0.0385	0.1222	2.8184
2011	0.4091**	−0.0192	−0.0356	0.1353	3.2868
2012	0.3966***	−0.0192	−0.0295	0.1276	3.3393
2013	0.3478**	−0.0192	−0.0319	0.1162	3.2680
2014	0.0235	−0.0192	−0.0296	0.1193	0.4458
2015	0.3934**	−0.0192	−0.0281	0.1248	3.3770
2016	0.4450**	−0.0192	−0.0328	0.1277	3.7422
2017	0.3169**	−0.0192	−0.0328	0.1297	2.6965
2018	0.2655**	−0.0192	−0.0366	0.1321	2.2880
2019	0.1855*	−0.0192	−0.0396	0.1258	1.7887
2020	0.2452**	−0.0192	−0.0292	0.1382	1.9857
2021	0.2278**	−0.0192	−0.0403	0.1323	2.0260
2022	0.2598**	−0.0192	−0.0459	0.1131	2.7042

注：***、** 和 * 分别表示在 1%、5% 和 10% 的显著性水平下通过检验。

进一步地，为研究西北段城市（地区）金融集聚局部的空间特征，鉴于篇幅有限，本节只给出了 2010 年及 2022 年局域 Moran 散点图（见图 4-1）。由图 4-1 可知，大部分城市位于第一象限（H-H 型）和第三象限（L-L 型），在金融集聚的 Moran'I 检验中，2010 年与 2022 年处在第一象限、第三象限的城市（地区）占样本总数比重分别达 72%、77%（见表 4-4），而其余城市（地区）则位于第二象限、第四象限，故可以认为金融集聚存在显著的空间依赖性和异质性。以 2022 年为例，重点关注西安、兰州、银川、西宁和乌鲁木齐五个省会城市，由表 4-4 发现，五个省会城市并未出现在同一象限，西安、兰州和银川同处在第一象限，属于高金融集聚地区被高金融集聚地区所包围，如与西安相邻的汉中、安康、商州和渭南均是金融集聚高水平地区；相比 2010 年，乌鲁木齐金融集聚水平有所下降，处在第三象限，属于 L-L 型关联模式，与其相邻的是吐鲁番、沙湾和玛纳斯等低水平金融集聚地区，这反映了金融集聚在空间分布上的依赖特征。而与高金融集聚水平兰州邻近的地区，如平凉、定西、固原等城市金融集聚水平较低，属于高集聚地区被低集聚地区所围绕，又体现了金融集聚在空间分布的异质性。

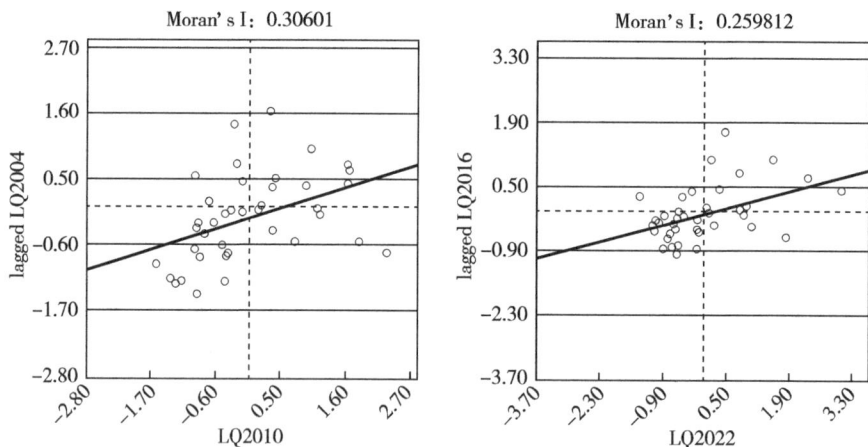

图 4-1　2010 年（左）及 2022 年（右）"丝绸之路经济带"
中国西北段 39 个城市（地区）金融集聚的 Moran 散点图

接下来，为了进一步研究金融集聚空间动态跃迁过程，可以把图 4-1 中分为四类跃迁过程。其中类型 0 是两个城市（地区）保持相同水平，前提是邻近城市（地区），由图 4-1 可以看出，2010 年和 2022 年，在以上象限内，有 25 个城市（地区）是没有发生变化的，可以看出各个城市（地区）想要置身于初始的空间集群，是不容易的，稳定性极高，不易分散。下一个类型为类型1，是相对位移迁跃类型，由图4-1可以看出，只有延安这一个城市，在H-H和L-H之间进行迁移，吴忠、石嘴山和咸阳这三个城市，在L-H到H-H之间迁跃；由L-L象限到H-L象限的有石河子、哈密，而乌鲁木齐在H-L到L-L之间迁跃，上述种种都说明了金融集聚水平的上下摆动，城市（地区）和邻近城市（地区）之间的变化是较大的，对于类型2，相关空间邻近城市（地区）之间没有一个城市（地区）是跃迁在L-H到L-L范围内，有且只有宝鸡，是跃迁在L-L到L-H范围的。类型3是跨象限的跃迁，从一个城市（地区）和邻居到别的象限，武威、张掖和金昌这三个城市，是跃迁在H-H到L-L范围之间的（见表4-4）。

表 4-4　2022 年"丝绸之路经济带"中国西北段 44 个城市金融集聚的空间关联模式

象限	空间关联模式	城市	
		2010 年	2022 年
第一象限	H-H 型	西安、西宁、金昌、武威、延安、汉中、安康、商州、渭南、张掖	西安、西宁、银川、吴忠、石嘴山、汉中、安康、商州、渭南、咸阳
第二象限	L-H 型	兰州、咸阳、嘉峪关、吴忠、石嘴山	嘉峪关、延安、宝鸡
第三象限	L-L 型	石河子、宝鸡、平凉、伊犁州直属、博州、阿勒泰、塔城、吐鲁番、哈密、巴州、天水、和田、阿克苏、喀什、克州、昌吉州、伊宁、克拉玛依	乌鲁木齐、克拉玛依、塔城、博州、阿克苏、喀什、克州、和田、天水、金昌、巴州、吐鲁番、昌吉州、阿勒泰、博州、伊犁州直属、武威、榆林、平凉、张掖
第四象限	H-L 型	乌鲁木齐、银川、酒泉、榆林、固原、铜川	兰州、酒泉、石河子、哈密、铜川、固原

4.3　本章小结

本章通过采用区位熵的方法对西北五省44个城市（地区）的金融集聚

水平进行测度，测度完成后发现，总体来看，西北五省的金融集聚水平不是很高，且出现城市化差异。金融业发达地区主要集中在陕西的西安、渭南、汉中、榆林、安康、商洛；甘肃的兰州、白银、酒泉；青海的西宁；宁夏的银川、石嘴山、吴忠、中卫；新疆的乌鲁木齐、哈密地区、昌吉州、阿克苏地区、喀什地区以及石河子。就目前来看，金融集聚程度较高的城市金融辐射度狭窄，基本上还没有能够形成区域金融中心的城市。

进而采用等差分级描绘西北五省 2010 年、2022 年"丝绸之路经济带"中国西北段各城市（地区）金融集聚水平的空间格局。根据参差不齐的金融集聚水平，表明"丝绸之路经济带"中国西北段金融集聚水平在区域层面表现出明显的异质性，并且金融活动更倾向于向省域经济中心且等级规模较高的省会城市集聚。本章依据国家战略定位、市场环境、区位优势及2010~2022 年西北段各省会城市区位熵指数的总体水平，对金融中心进行初步的层次定位，并将乌鲁木齐和西安划分为区域金融中心；将西宁、银川和兰州定位省域金融中心；将喀什定位金融副中心；将其他城市（地区）定位为地方金融中心四种类型。

为进一步判断"丝绸之路经济带"中国西北段各城市金融集聚是否存在空间关联，以及空间结构的动态演变，本章使用全局自相关指数Moran' I 和空间关联局域指标 LISA。通过指标和指数的刻画，各城市金融集聚水平在空间上并非表现出完全随机分布状态，而是呈现较强的正向空间自相关性，即金融集聚水平高（低）的城市与金融集聚水平高（低）的城市相互邻近。进一步而言，Moran' I 值由 2010 年的 0.3060 增加至 2016年的极大值 0.4450，后又呈减小的趋势降至 2022 年的 0.2598，可见西北段各城市（地区）金融集聚水平的正相关性总体为减弱趋势，但中间经历了先升后降的"波浪式"变化过程。

第5章　西北五省金融集聚
水平及金融辐射域分析

　　尽管金融集聚表现在向某一特定区域的金融资源聚集，但是其仍旧涵盖了金融集聚水平的非均衡性。由于在不同经济规模、不同信息溢出能力、不同市场流动性的地区存在着金融集聚的水平分化，造成了金融集聚的中心区域、周围区域及边缘地区在金融集聚水平上形成了梯形结构差异。在对金融集聚的研究中，前文采用了区位熵排除量纲的指标算法对金融集聚水平进行简单测算，但是区位熵仍旧有缺陷之处，最大的缺陷是会出现一些经济总量不好、就业人口不多的地方却区位熵值畸高，当一个欠发达地区的地区总产值或者就业人口较低，占全国的地区总产值或者就业人口少，但其金融业产值或金融就业人口占地区比重较高，就会得出比发达地区更高的区位熵值，因此选取更合适的综合评价指标体系去测度金融集聚水平是十分有必要的。然而学者对测量区域金融集聚水平的指标并没有达成一致，即至今为止学术界没有统一的区域金融水平度量指标体系。本章将建立一个科学的指标体系，并以相关理论和本书研究为基础，因为本书是以丝绸之路为背景来研究西北五省各个地级城市的金融集聚水平测度以及金融集聚辐射域的范围问题，所以构建指标体系的时候要考虑西北五省的经济金融生态环境和"丝绸之路经济带"背景下的政策导向因素。

5.1 金融集聚水平测度指标构建

5.1.1 评价指标体系建立原则

建立合理的评价指标体系能够综合、客观、真实、具体地反映研究对象的情况，所以遵循构建原则、准确测算金融集聚水平对实证分析具有重要的意义，本章通过以下五项原则来构建合理的评价指标体系。

5.1.1.1 科学性原则

科学地选取评价指标是为构建合理的评价指标体系奠定基础。要从已有的文献理论出发，结合所研究对象的现实情况入手。不仅要在理论基础上能站得住脚，还要考虑西北五省不同区域之间的现实差异情况。只有将理论与实践相结合才能使得逻辑关系具有严谨性，同时具有代表性，能够细致客观地反映西北五省的金融集聚水平。

5.1.1.2 全面性原则

受不同区域的地理位置、生态环境、经济资源的影响，西北五省不同区域的自身特性各不相同，在经济发展过程中也会造成不同的经济发展结果。因此，在构建指标体系时应尽量概括研究对象的各个层面，详尽地选取更能完善表现被研究对象的实际情况。不能盲目地套用前人所用的评价指标体系，或者刻意隐瞒评价体系中的劣势指标，导致实证结果的非客观性。

5.1.1.3 独立性原则

由于影响金融集聚水平的因素众多，各种影响要素相互交叉造成了整体的复杂性。因此，在选取各个评价指标时，需要遵循独立性原则，抓住能反映主要问题的指标，规避多次描述被研究对象的一些特点，进而使得该特点的权重比例较大。

5.1.1.4 系统性原则

在建立指标体系时，要将所选取的指标放入一个系统内进行综合考虑，不能仅仅依据前人所构建的指标套用在本体系中，而造成没有逻辑、不符合实际情况的伪指标体系，不能人为地改变指标权重和歪曲代表性指标，同时要考虑各个指标间的可比性，对数据处理方式是否合理可比，使得整体指标体系能够严谨、合理。

5.1.1.5　可操作性原则

尽管能够反映金融集聚水平的指标有许多，但是在构建指标体系时应考虑数据的可得性，依托现实综合考虑每一个评价指标数据搜集的难易程度。由于西北五省位置偏远，数据统计水平不是很高，数据质量不是很好，尽管一些指标能够较好地反映被研究对象的某些特征，但其数据收集难度大，可获得性较小，所以为了使研究能够顺利进行，应考虑重新选取替代指标，使研究得以进行。

本书注重对金融集聚水平进行综合性研究，在构建指标体系时应合理地考虑评价方法的协调性，同时要全面客观地根据研究对象的主要特点科学、全面、系统、独立地选择指标，同时也要考虑数据的可获得性与可操作性，使研究过程和研究结果真实、公正。

5.1.2　构建指标体系

西北五省金融集聚水平综合评价指标体系如表 5-1 所示。

表 5-1　西北五省金融集聚水平综合评价指标体系

	居民储蓄存款
金融规模	存款余额
	贷款余额
	金融从业人员数量
	财政收入
金融基础	货运总量
	电信业务量
	邮政业务量

金融基础	互联网业务量
	科教支出占比
经济总量	GDP 总量
	社会零售总额
	人均收入
	实际利用外资
	第三产业产值占比

5.2 基于因子分析的西北五省区30个城市（地区）金融集聚水平测度

目前国内外学者主要通过因子分析法、主成分分析法和分层次因子分析法等对金融集聚水平及层次进行研究。其中因子分析法需要假设各共同因子、特殊因子彼此之间不相关，分层次因子分析主观性赋权现象严重，与之相比较，因子分析不需要对各因子相关关系进行假定，通过数据本身结构特征进行客观赋权，避免了主观性赋权的随意性。因此，本书采用主成分分析法对我国西北地区 30 个城市的金融集聚水平及层次进行测算分析。

主成分分析法，又称为主分量分析法，由国际知名统计学者 Pearson 和 Spearman 于 20 世纪初提出，由后续一些学者进行改进并完善。该方法主要运用降维的思想，将多个相关或不相关指标转化少量主成分指标，每个主成分指标能够较好地反映原先指标变量的基本特征。主成分分析法的主要步骤如下：

第一，标准化处理并进行相关检验。通过标准化处理消除量纲及单位对模型分析的影响，采用标准化处理数据进行 KMO 检验与巴特利特球形检验。其中 KMO 检验主要检测变量数据间相关系数和偏相关系数，一般认为，当 KMO 大于 0.7 时，表明变量数据适合做因子分析，而巴特利特球形检验主要通过检验变量协方差矩阵是否为单位矩阵，若拒绝该假设，则表明该变量数据适合做因子分析和主成分分析。

第二，选取主成分变量指标。通过主成分特征值及累计贡献率，选取主成分变量指标，本书选取特征值大于 1 及累计贡献率超过 85% 的主成分。

第三，测算主成分综合得分值。利用旋转矩阵，通过主成分载荷矩阵除以各成分方差，得出主成分得分系数矩阵，最终测算出主成分综合得分值。

5.2.1 数据来源

"丝绸之路经济带"是贯穿我国迈进西方世界的新途径，在经济全球化快速发展的情况下，应积极把握机会，通过要素资本积累发挥优势。由于要研究金融集聚水平，在选取研究样本时，需要选取西北五省经济金融发展较好且数据可获得性较强的城市作为研究对象。本章根据大猫财经公布的最新城市等级划分进行选取城市，该等级划分综合考虑了资源聚集度、交通枢纽性、人口活跃度、消费多样性以及未来可塑性，故选取了四线以上的城市作为研究对象。由于在构建综合评价指标体系后所涉及的指标数据中新疆的地州数据缺失严重或未统计，故剔除新疆的地州数据。最终确定克拉玛依、兰州、延安、乌鲁木齐、西宁、天水、西安、榆林、西宁等30 个城市。进而选择这些城市 2011~2022 年的统计面板数据作为研究对象，这些数据来自《青海统计年鉴》《中国保险统计年鉴》《西安统计年鉴》《中国城市统计年鉴》《甘肃统计年鉴》《中国金融统计年鉴》《新疆统计年鉴》《区域统计年鉴》《宁夏统计年鉴》《中国证券统计年鉴》《乌鲁木齐统计年鉴》《陕西统计年鉴》的相关数据。

本章采用因子分析法来进行研究,选取这种方法的原因有:衡量金融集聚的指标很多,本章根据研究性质以及研究背景选择了一些指标对金融集聚程度进行研究分析。但是,变量之间可能存在一些相关性,这使得问题复杂化,同时也会给实证结果带来分析困难,而盲目地减少变量又会使得结果失真。因子分析可以有效规避每个指标的信息丢失情况,并且可以对所有数据进行综合分析。

基于此,本章采用因子分析法对所选取的指标来进行处理,由于这些指标存在相互关系,进而可以测量出各个地区的金融集聚程度。

另外,由于变量的测量方法不同。有必要对数据进行标准化处理,从而使得变量具有可比性。其方法为 z-score 标准化:

$$Z = \frac{x_i - X}{S} \qquad (5-1)$$

其中,x_i 表示原始数据,x 表示样本数据的均值,S 表示样本数据的标准差,作此处理后,目标数据的均值为 0,标准差为 1。

5.2.2 模型构建

利用 SPSS26.0 软件,采取因子分析法对西北五省 30 个城市的数据进行分析,从而得到实证结果。为了防止数据的不同口径和不同单位的差异性,本章首先对原始数据采用 z-score 标准化法进行标准化,其次通过 KMO 检验和 Bartlett 球形检验其值是否大于 0.7 作为衡量标准,分析变量是否应该采用因子分析方法。

从表 5-2 中可以得出这些数据可以进行因子分析。其理由为 KMO 检验值为 0.7826,大于 0.7,Bartlett 球形检验也显著。通过对标准化后的数据进行因子分析,从而得到两个新的公共因子,它们的特征值、方差贡献率及累计方差贡献率如表 5-3 所示。

表 5-2　因子分析 KMO 和 Bartlett 检验

KMD 检验值		0.7826
巴特利特球形检验	卡方值	975.85
	自由度	105
	Sig.	0.000

表 5-3　因子分析方差贡献率分析　　　　　　单位：%

公因子	初始特征值			提取平方和载入			旋转平方和载入		
	合计	方差百分比	累计百分比	合计	方差百分比	累计百分比	合计	方差百分比	累计百分比
1	9.48960	67.34	67.34	9.48960	67.34	67.34	9.43910	66.99	66.99
2	2.05192	14.56	81.91	2.05192	14.56	81.91	2.01784	14.32	81.31
3	1.30444	9.26	91.16	1.30444	9.26	91.16	1.31916	9.07	90.67

从表 5-3 可以看出，获得的两个新变量的累计方差贡献率为 90.398%，因此认为这两个因素对每个地区的金融集聚程度具有一定的解释力，本章以三个共同因素为出发点，代替了原来的 15 个变量，并从中分析了每个城市的金融集聚水平。为了研究西北五省 30 个城市的金融集聚水平并了解其变化趋势，选择了 2019~2022 年的数据，并进行了六次主成分分析。

5.2.3　金融集聚水平评价

5.2.3.1　基于面板数据的金融集聚水平评价

通过主成分分析，将原有的 15 个指标分成了三组，分别命名为 F1、F2、F3，通过方差贡献率赋予其权重并进行加和，最终得到综合得分 ZF，即各个城市的金融集聚综合得分（见表 5-4）。并据此对西北五省的各个城市进行等级划分，从这个等级划分可以看出各个城市的经济发展水平。根据金融集聚的综合得分来反映金融集聚发展水平的成熟程度。将西北五省30个城市的成熟程度与经济发展水平结合起来综合考虑，进而可以得出这30个城市的金融发展现状。

表 5–4　2022 年西北五省 30 市金融集聚水平

城市	F1	F2	F3	ZF
西安市	2.977	0.204	0.025	3.321
铜川市	−0.337	−0.029	−0.012	−0.379
宝鸡市	0.195	0.029	−0.017	0.217
咸阳市	0.230	0.077	−0.048	0.259
渭南市	0.275	−0.028	0.009	0.299
延安市	−0.025	−0.021	−0.034	−0.038
汉中市	−0.021	−0.024	−0.002	−0.028
榆林市	0.276	0.056	−0.023	0.311
安康市	−0.201	−0.040	0.065	−0.216
商洛市	−0.285	−0.050	−0.004	−0.324
兰州市	0.687	0.079	0.062	0.785
嘉峪关市	−0.228	−0.004	−0.015	−0.254
金昌市	−0.444	−0.004	−0.116	−0.512
白银市	−0.256	−0.016	0.004	−0.284
天水市	−0.153	−0.041	0.069	−0.163
武威市	−0.252	−0.047	−0.051	−0.297
张掖市	−0.364	−0.044	−0.014	−0.412
平凉市	−0.167	−0.054	0.101	−0.174

续表

城市	F1	F2	F3	ZF
酒泉市	−0.153	−0.034	0.002	−0.175
庆阳市	−0.265	−0.017	−0.004	−0.296
定西市	−0.302	−0.063	0.098	−0.325
陇南市	−0.325	−0.060	0.083	−0.353
西宁市	0.141	0.031	0.020	0.165
银川市	0.160	0.034	−0.039	0.175
石嘴山市	−0.380	0.010	−0.110	−0.438
吴忠市	−0.319	−0.027	−0.102	−0.376
固原市	−0.399	−0.050	0.026	−0.443
中卫市	−0.382	−0.032	−0.069	−0.441
乌鲁木齐市	0.686	0.061	0.093	0.785
克拉玛依市	−0.371	0.103	0.003	−0.387

从 2022 年的西北五省金融综合得分来看：

第一，在陕西、甘肃、青海、宁夏、新疆这五个省份中，西安、乌鲁木齐及兰州等 9 个城市可以表现出金融扩散效果，而除这 9 个城市之外的城市则主要发挥了金融发展极化效应。从表 5-4 和图 5-1 中可以看出：在 2022 年，陕西、甘肃、青海、宁夏、新疆这五个省份中的西安、乌鲁木齐及兰州等 9 个城市的 ZF 是正数，ZF 是正数说明这个城市可以发挥金融扩散效应。表示西安、乌鲁木齐及兰州等 9 个城市可以推进其旁边城市的经济发展，即这 9 个城市可以发挥辐射效应。而除这 9 个城市之外的城市的 ZF 是负数，表示这些城市没有对其旁边城市的经济发展产生促进作用，而是发挥了金融的极化效应。

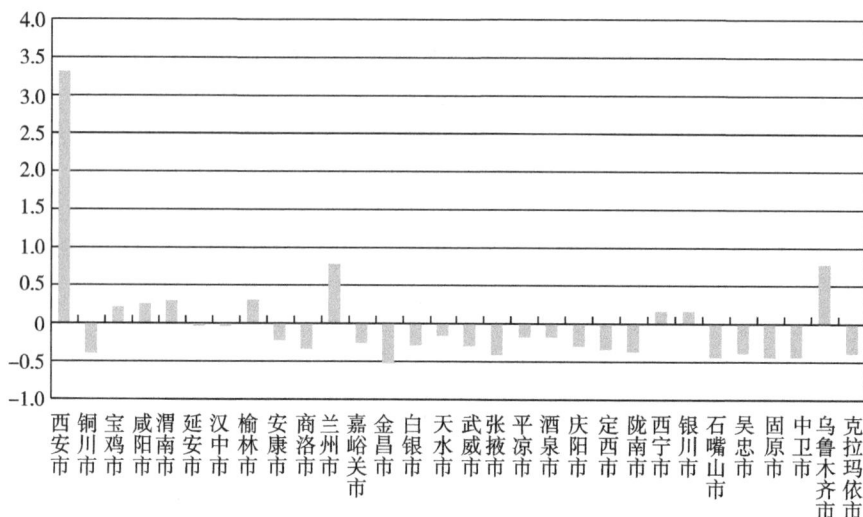

图 5-1　2022 年西北五省 30 市金融集聚综合得分情况

第二，从图 5-1 我们可以看出，在陕西、甘肃、青海、宁夏、新疆 5 个省份中，西安的 ZF 得分为 3.321，表明西安可以发挥金融扩散作用。

第三，陕西、甘肃、青海、宁夏、新疆 5 个省份的金融发展还没有成熟。因为成熟的金融发展不会像陕西、甘肃、青海、宁夏、新疆 5 个省份的城市一样发展不均衡，并且成熟区域的 ZF 得分应该相差较大，各个城市分别呈现金融发展的各个时期。

综合来看，陕西、甘肃、青海、宁夏、新疆 5 个省份中的多数城市的 ZF 得分在 0 上下浮动，这表明这些城市还处于初级阶段，经济还需要进一步发展。

从 2022 年 30 个城市的 ZF 得分可以看出：

第一，在陕西、甘肃、青海、宁夏、新疆 5 个省份中有较大发展潜力的金融中心是西安、乌鲁木齐以及兰州。因为这 3 个城市的 ZF 得分较高，ZF 得分较高表明其已经达到了成为金融中心的条件。

第二，从表 5-4 中我们可以看出，陕西、甘肃、青海、宁夏、新疆 5 个省份的金融发展良莠不齐。因为 ZF 得分较高的 9 个城市中有 5 个城市地处于陕西，这表明陕西的金融发展较好。甘肃的金融发展则表现出良莠不齐的状态，发展较好的城市有兰州和天水。青海的西宁市和宁夏的银川市的金融集聚水平在西北五省中也有着辐射作用。与西北五省的其他省份相比，新疆的金融发展也较不平衡，乌鲁木齐的金融集聚水平较高。从整体来看，金融集聚发展的不平衡是因为金融资源在陕西、甘肃、青海、宁夏、新疆 5 个省份（自治区）的分布是不均匀的。

5.2.3.2　西北五省金融集聚发展稳定性评价

第一，西北五省的金融增长极的发展较为稳定。由表 5-5 可以看出，2016~2022 年（由于篇幅仅显示部分年份的金融集聚数据），西安、乌鲁木齐、兰州、榆林、咸阳、银川、宝鸡、榆林、西宁 9 个城市连续七年的 ZF 得分都是正数，表明这九座城市的金融发展较为稳固，可以平稳地表现出辐射的效果，是陕西、甘肃、青海、宁夏、新疆 5 个省份中金融发展较为成熟的城市。

表 5-5　2016~2022 年西北五省 30 个城市金融集聚水平变化趋势

城市＼年份	2016	2018	2020	2022
西安市	3.28	3.94	3.68	3.321
铜川市	-0.41	-0.5	-0.43	-0.379
宝鸡市	0.14	0.11	0.16	0.217
咸阳市	0.25	0.24	0.23	0.259
渭南市	0.2	0.25	0.21	0.299
延安市	-0.01	-0.07	-0.07	-0.038
汉中市	-0.01	-0.03	-0.04	-0.028
榆林市	0.33	0.42	0.26	0.311
安康市	-0.14	-0.18	-0.2	-0.216
商洛市	-0.26	-0.35	-0.26	-0.324

续表

城市＼年份	2016	2018	2020	2022
兰州市	0.62	0.61	0.8	0.785
嘉峪关市	−0.45	−0.44	−0.42	−0.254
金昌市	−0.49	−0.56	−0.48	−0.512
白银市	−0.29	−0.25	−0.31	−0.284
天水市	−0.25	−0.24	−0.22	−0.163
武威市	−0.35	−0.38	−0.34	−0.297
张掖市	−0.41	−0.41	−0.38	−0.412
平凉市	−0.36	−0.37	−0.32	−0.174
酒泉市	−0.29	−0.28	−0.33	−0.175
庆阳市	−0.3	−0.33	−0.33	−0.296
定西市	−0.4	−0.39	−0.37	−0.325
陇南市	0.01	−0.42	−0.37	−0.353
西宁市	0.06	0.16	0.19	0.165
银川市	0.2	0.37	0.33	0.175
石嘴山市	−0.34	−0.38	−0.4	−0.438
吴忠市	−0.36	−0.39	−0.32	−0.376
固原市	−0.45	−0.52	−0.44	−0.443
中卫市	−0.45	−0.51	−0.45	−0.441
乌鲁木齐市	1.22	1.26	0.95	0.785
克拉玛依市	−0.29	−0.36	−0.32	−0.387

第二，陕西、甘肃、青海、宁夏、新疆5个省份的金融发展不平衡的现状很难改变。陕西有5个城市（分别是西安、宝鸡、咸阳、渭南和榆林）的 ZF 得分在七年中一直较高，甘肃的兰州 ZF 得分较高。青海的西宁 ZF 得

分较高。宁夏的银川 ZF 得分较高。新疆的乌鲁木齐和克拉玛依的 ZF 得分较高。除了这些城市以外，其他城市的 ZF 得分较低，由此可见，区域金融集聚的不均衡发展现状难以消除。

第三，从图 5-2 中陕西、甘肃、青海、宁夏、新疆 5 个省份近 7 年的 ZF 得分我们可以看出，ZF 得分高的城市比 ZF 得分低的城市发展更为稳定，这表明金融集聚程度越高，金融发展越稳定。

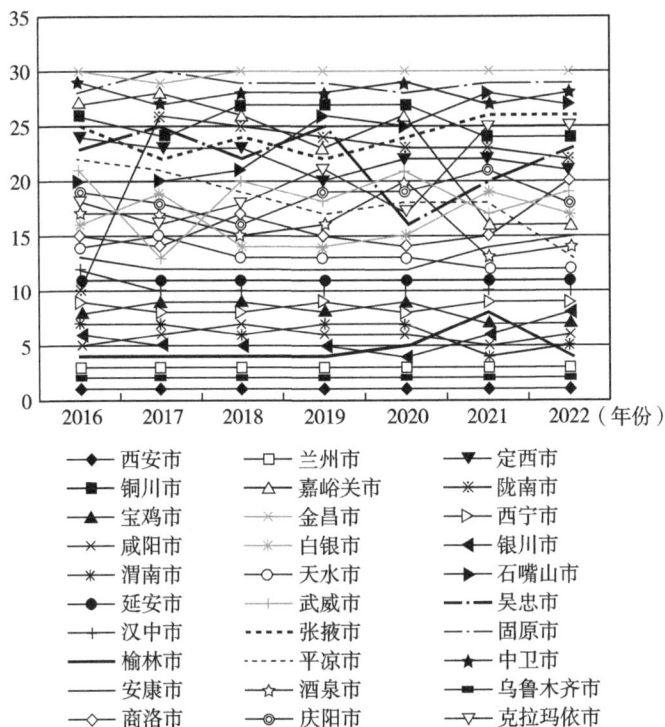

◆ 西安市	□ 兰州市	▼ 定西市
■ 铜川市	△ 嘉峪关市	✳ 陇南市
▲ 宝鸡市	✕ 金昌市	▷ 西宁市
✕ 咸阳市	✳ 白银市	◀ 银川市
✳ 渭南市	○ 天水市	▶ 石嘴山市
● 延安市	＋ 武威市	━ 吴忠市
＋ 汉中市	▪▪▪ 张掖市	━ 固原市
━ 榆林市	▪▪▪ 平凉市	★ 中卫市
━ 安康市	☆ 酒泉市	■ 乌鲁木齐市
◇ 商洛市	⊙ 庆阳市	▽ 克拉玛依市

图 5-2　2016~2022 年西北五省 30 市金融集聚水平变化表

陕西、甘肃、青海、宁夏、新疆 5 个省份的金融集聚发展表现出区间化的现象。以金融集聚水平和金融发展稳定作为标准，可以把陕西、甘肃、青海、宁夏、新疆 5 个省份的城市划分为四个区间。第一区间为 ZF 得分是正数的 9 个城市，分别为西安、乌鲁木齐、兰州、渭南、咸阳、银川、宝鸡、榆林、西宁，这 9 个城市在金融集聚发展变化中呈现金融集聚水平高，金融发展稳定的现象，说明这 9 个城市的金融业发展较为成熟。第二区间有 6 个城市，分别为榆林、汉中、延安、天水、安康、商洛，主要表现为金融集聚水平较高，金融发展较为稳定，说明这 6 个城市金融发展趋于成熟。第三区间有 8 个城市，分别为酒泉、嘉峪关、武威、平凉、白银、吴忠、庆阳、定西，其主要表现为金融集聚水平不高，金融发展也不稳定。第四区间有铜川、克拉玛依、张掖、中卫、石嘴山、固原、金昌、陇南 8 个城市，其主要表现为金融集聚水平较低，金融发展不稳定。

从陕西、甘肃、青海、宁夏、新疆 5 个省份的金融集聚发展水平评价和金融集聚发展稳定性这两个因素综合考虑，可以看出陕西、甘肃、青海、宁夏、新疆 5 个省份中有 9 个城市的 ZF 得分是正数，这 9 个城市分别是西安、乌鲁木齐、兰州、渭南、咸阳、银川、宝鸡、榆林、西宁。表明这 9 个城市可以发挥金融辐射效应，即这 9 个城市对其旁边城市的发展有促进作用，同时也表明这 9 个城市的金融发展已经趋近成熟，可以连续不断对其旁边城市的经济发展产生促进作用。

5.3　西北五省金融集聚辐射域的实证研究

通过梳理大量相关文献可以知道，现有文献关于金融集聚的实证研究通常都只停留在金融集聚这个主题上，并没有根据这个主题进行发散性的研究，因此便忽略了金融集聚本身对其周围地方的金融产业的发展所产生的一定扩张影响作用。根据以前的实证研究结果可以知道，当今时代的经济以大步向前进的趋势发展，这在一定程度上不仅为创造优良金融环境夯下了基石，并且由此使得一部分的金融集聚焦点的竞争性的作用也得到了进一步的发展，其不仅可以借此收集金融相关资源，还可以向其周围城市的金融产业产生一定的辐射影响作用。然而，因为某些地理坐标、基础设施完备问题以及其他因素都产生一定的阻碍作用，因此导致各个地区的金融产业发展有所不同。对那些具有较强扩散能力的金融焦点来说，它们不仅可以快速寻找金融资源发展自身金融产业，还可以对周围城市的金融发展产生一定的扩散性影响，从而对其形成金融焦点产生一些促进作用。所以，本书之所以选用威尔逊最大熵模型来测量金融聚集辐射半径，是因为精确有效地去得出金融焦点的辐射距离是探讨金融集聚扩散作用的较为灵验的手段。

5.3.1 威尔逊模型

金融辐射效应的测算主要是用来衡量金融业聚集区的辐射力度和辐射范围，主要依据空间概念下的相互作用建模，地理经济学家威尔逊依据空间概念提出了"最大熵原理"，从数理统计的角度，描述人的行为的相互作用，主要应用于研究区域、城市的空间范围效应。威尔逊模型的公式为：

$$T_{ij} = K \frac{O_i D_j}{C_{ij}^n} = K O_i D_j C_{ij}^{-n} \tag{5-2}$$

其中，K 为常数，分别表示区域 O_i、D_j 和区域 j 的经济总量，C_{ij}^{-n} 表示各种成本，如交通费用。

威尔逊熵模型最初用于空间相互作用研究。该理论考虑了距离的衰减特性，进行了指数修正。在一定程度上可以揭示城市的吸引力度 F_{ij}。F_{ij} 表示 i 市和 j 市之间的相互作用力。F_i 和 F_j 分别表示 i 市和 j 市的属性值，F_j 表示 j 市的资源总量，本书定义为金融竞争力即综合因子得分。资源强度 K 为常数。L 表示两个城市之间的距离，θ 表示衰减系数，威尔逊模型可以表示为：

$$F_{ij} = K F_i F_j e^{-\theta L} \tag{5-3}$$

王韧等（2023）在研究人口辐射问题时将威尔逊模型简化，即令 $F_j=1$，K=1 得出城市的辐射半径可以表示为：

$$L = \frac{1}{\theta} \ln\left(\frac{F_i}{\gamma}\right) \tag{5-4}$$

从以上的分析来看，辐射半径存在两个极端的情况，即当 θ 趋向 0 时，辐射半径 L 趋向无穷大；当 θ 趋向无穷大时，辐射半径 L 趋向于 0，而在实际中，主要考察 θ 在 0 和 1 之间取值的情况。

5.3.2 金融集聚辐射半径的实证

从威尔逊模型的理论分析中，已经得到金融集聚辐射半径的计算公式为：

$$L = \frac{1}{\theta} \ln\left(\frac{F_i}{\gamma}\right) \tag{5-5}$$

其中，L 表示辐射半径，需要指出 F 为区域提供的最大资源，此处本书以金融集聚得分为代表。同时，一般情况下，选定金融集聚得分为正值的最小数量级作为阈值，考虑到金融集聚得分的最小变动值为 0.01，因此假定 γ 值为 0.01，当城市的综合得分降至 0.01 以下时，可近似认为该城市不具有金融辐射特点，从金融集聚得分来看，金昌、固原、石嘴山等市的得分均为负数，可近似认为这些城市尚不具备金融辐射功能，应强化自身的金融发展能力，通过对公式中的各个变量进行一定的辐射，可以得出当 θ 取不同数值时，具有辐射功能的各个城市的金融辐射半径如表 5-6 所示。

表 5-6 2022 年西北五省 9 个城市不同 θ 值下辐射半径测度

城市	$\theta=0.01$	$\theta=0.02$	$\theta=0.04$	$\theta=0.08$	$\theta=0.1$	$\theta=0.5$	$\theta=1$
西安	587.6615	293.8307	146.9154	73.45768	58.76615	11.75323	5.876615
乌鲁木齐	447.2781	223.639	111.8195	55.90976	44.72781	8.945562	4.472781
兰州	435.2855	217.6428	108.8214	54.41069	43.52855	8.705711	4.352855
渭南	360.5498	180.2749	90.13745	45.06872	36.05498	7.210996	3.605498
咸阳	337.4169	168.7084	84.35422	42.17711	33.74169	6.748337	3.374169

续表

城市	θ=0.01	θ=0.02	θ=0.04	θ=0.08	θ=0.1	θ=0.5	θ=1
银川	333.9322	166.9661	83.48305	41.74152	33.39322	6.678644	3.339322
宝鸡	330.3217	165.1608	82.58042	41.29021	33.03217	6.606434	3.303217
榆林	328.0911	164.0456	82.02278	41.01139	32.80911	6.561822	3.280911
西宁	268.1022	134.0511	67.02554	33.51277	26.81022	5.362043	2.681022

由表 5-6 可知，城市的辐射半径随着衰减因子 θ 的不断增大而减小，衰减因子越小，其辐射半径越大，同时随着 θ 的增大，衰减的速度逐渐减小。

从图 5-3 中可以看出，当 θ=0.01 时，西安的辐射半径最大，同时，随着衰减因子 P 变大，辐射半径也迅速变小，当衰减因子 θ 接近 1 时，各个城市的辐射半径几乎相同，且辐射半径非常小。

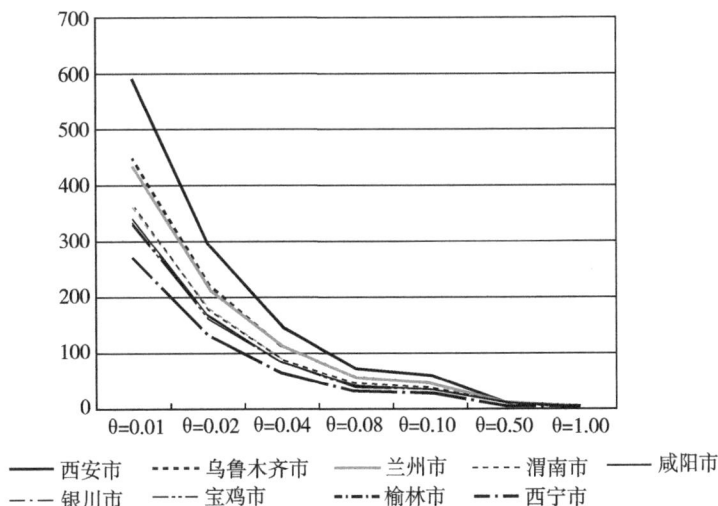

图 5-3　西北五省 9 个城市不同 θ 值下辐射半径变化趋势

王韧等（2023）在研究城市人口流动与各城市交通吸引强度问题时，

提出以下 θ 值的计算方法：

$$\theta = \sqrt{\frac{2T}{T_{max}M}} \qquad\qquad （5-6）$$

其中，T 表示扩散元素即传递因子的个数，T_{max} 表示扩散元素中具有扩散功能的传递因子的最大个数，M 表示相互作用域的平均尺度。由此可以看出影响 θ 的因素主要有两个：一是区域内传递因子的个数，其值越小，则衰减越慢；二是相互作用域的范围越大，其平均尺度越长，θ 越小，衰减越慢。在研究金融集聚过程中，M 定义为各行政区域的平均土地面积，由此可得到 M 的值为 23739.733；T 定义为城市总个数，因此 T 的值为 30；T_{max} 定义为具有扩散效应的城市，由此 T_{max} 取值为 9。由此计算衰减因子 θ 的值为 0.0159，由此而得到的各个城市的辐射半径如表 5-7 所示。

表 5-7　2022 年西北五省 9 个城市金融辐射域分析

城市	θ=0.0159
西安	369.649
乌鲁木齐	281.346
兰州	273.803
渭南	226.792
咸阳	212.241
银川	210.049
宝鸡	207.778
榆林	206.375
西宁	168.641

5.3.3　金融集聚辐射半径实证结果分析

经过对甘肃、青海、宁夏、陕西和新疆西北五省中的 9 个城市辐射距离进行测度我们可以得到以下研究结果：

辐射区域呈现分布式分散的结果。这篇文章总共选取了甘肃、青海、宁夏、陕西和新疆西北五省中 30 个城市作为研究对象，来探究各个样本城市的金融集聚水平，并测量能够对其周围城市金融产业发展产生一定影响作用的城市的金融辐射半径。从总体上来看，西北五省的金融集聚能力呈现显著在各自地区之间有所分布不同的现象。我们可以从数据中知道西北五省中的陕西拥有 5 个城市的金融扩散效应，然而不同的是，甘肃、青海、宁夏和新疆 4 个省份都只有一个城市具有一定的金融辐射能力，分别为兰州、乌鲁木齐、银川、西宁。在"一带一路"倡议共同促进丝绸之路沿途地区经济的大方向下，我们需要将自身放在一个较高的地方，才能以一个全方向发展、共同调整的大方向去研究甘肃、青海、宁夏、陕西和新疆西北五省的金融集聚水平和其金融辐射范围。从目前的已有情况来看，分散式的金融辐射域对甘肃、青海、宁夏、陕西和新疆的金融产业发展和各地区之间金融要素的流通显著产生了一定的抑制作用，然而这一现象对"一带一路"倡议共同发展丝绸之路沿途地区经济的建设，尤其甘肃、青海、宁夏、陕西和新疆西北五省的金融发展是不利的。特别是占据国土面积 1/6 的新疆，其具有较为辽阔的面积，但是与之相对应的却只有乌鲁木齐这一个城市具有一定的辐射能力。

辐射区域的半径小。陕西、甘肃、青海、宁夏、新疆西北五省中只有 9 个城市具有金融辐射能力。这 9 个城市分别是西安、乌鲁木齐、兰州、榆林、银川、咸阳、渭南、宝鸡、西宁。运用威尔逊模型对 9 个城市进行测量，结果表明西安的辐射半径最大为 369.649 公里，说明西安市的辐射能力最强，而乌鲁木齐、兰州别为 281.345 公里、273.802 公里，处于同一水平。渭南、咸阳、银川、宝鸡、榆林辐射半径值较为接近，位于同一水平，分别为 226.792 公里、212.241 公里、210.049 公里、207.778 公里、206.375 公里，西宁的辐射半径为 168.641 公里。总而言之，陕西、甘肃、青海、宁夏、新疆 5 个省份虽然腹地辽阔，但具备金融辐射能力的城市较少，只有 9 个城市，并且这 9 个城市的辐射半径较小。

目前西北五省金融集聚辐射度大多是在其省份的内部产生一定的辐射

作用。由表 5-7 可知，相比于甘肃、青海、宁夏和新疆 4 个省份，具有城市文化气息的陕西的金融产业发展能力最为明朗，在陕西内部，一些地区不仅可以满足其自身金融资源的需求和其金融产业的发展，与此同时还可以带动周围地区的金融发展，这些城市以具有较深文化气息的咸阳和渭南等城市等为例。然而，上述所列举城市尽管可以对周围地区的金融产生一定的金融辐射效应，但是其辐射能力十分有限，说明我们要站在一个较高的地方去全方向地把握调整宏观层次的相关问题，我们需要把甘肃、青海、宁夏、陕西和新疆西北五省的城市当作一个大的团体来看，才可以从整体规划的角度来把握高层次的问题。从已有的条件来看，各省份间金融要素的互相流通要得以真正的实现，这对与想要在丝绸之路经济中快速面临大国际市场的甘肃、青海、陕西、宁夏和新疆西北五省还是具有一定的大挑战难度。把陕西、甘肃、青海、宁夏、新疆看成一个整体，以省份利益服从整体利益来积极促进西北五省的金融发展，提高金融发展水平，延伸金融辐射半径，让陕西、甘肃、青海、宁夏、新疆的资源能够在这 5 个省份间流动。

5.4　本章小结

本章测度了甘肃、青海、宁夏、陕西和新疆西北五省 30 个城市的金融产业程度，研究结果显示西北五省间的差异十分明显，其中属西安的金融发展最为繁荣。我们从城市的角度了解到，金融集聚水平最高的地方归属于西安。它通过金融集聚程度划分了西北五省的金融等级，得出的结论是，包括乌鲁木齐在内的 9 个城市是金融增长的极点。这 9 个城市不仅自身金融发展相比其他企业发展较好，并且还能够带动其他城市的金融发展。而如克拉玛依市等 21 个城市已经成为金融的支点，前文提到的 21 个城市只能满足其自身经济的金融发展，对其他地方城市的金融发展不会产生影响作用。

在使用威尔逊模型的基础上，我们测量了 9 个城市的金融辐射场，这是甘肃、青海、宁夏、陕西和新疆的金融增长极。从区域金融角度来看，金融对其他地方的影响作用是一个不规则的分布，其中大多数具有对其他地方的金融影响作用。甘肃、青海、宁夏、陕西和新疆西北五省都只有一个金融影响能力比较强的城市，分别是乌鲁木齐、西安、兰州、西宁以及银川。接下来，我们可以清楚地看到每个金融增长极的影响半径都是很小的。由于甘肃、青海、宁夏、陕西和新疆的面积都十分广阔，另外 9 个金融增长极的金融影响面积也是相对很小的，两种原因共同结合起来便使金融资源无法顺利地向其他城市进行转移和影响。西安是 9 个城市中辐射半径最大的地区，但其辐射的半径却只有 369.649 公里。由此可知，上述情况对于甘肃、青海、宁夏、陕西和新疆西北五省的金融产业的均匀发展产生了一定的阻碍作用。

综上所述，我们综合考虑了金融集聚水平以及金融辐射程度两个影响因素的共同作用，可以得到甘肃、青海、宁夏、陕西和新疆尚且没有形成强大的金融焦点的结论。首先我们来看西安，尽管其拥有最强的金融集聚程度和最大的金融影响面积，但是受限于其自身的金融影响半径，它只能在陕西省内具有一定的金融影响作用。其次从甘肃、青海、宁夏、陕西和新疆西北五省来看，其并没有起到金融辐射作用，因此，我们可以得出甘肃、青海、宁夏、陕西和新疆西北五省尚且没有形成强大的金融焦点的结论。然而，乌鲁木齐以及西安等 9 个城市，在其各自的地方担当着金融增长极的角色；石油城市克拉玛依等 21 个城市以其金融支点的角色发挥着金融产业作用。

第6章 西北五省金融集聚水平
聚类及等级划分

6.1 西北段金融集聚水平聚类分析

尽管西北五省在地理位置上比较相近属于中国的西北段区，其经济发展水平、人力资源、基础设施建设和政策支持等方面存在严重的差异，导致西北五省金融发展不平衡。尤其是不同地区的货币资金存量吸纳能力不同；储蓄存款在西北五省存在明显的地区差异；对外开放程度不同导致创汇能力也有着差异化；对不同的区域，中国人民银行规定的存款准备金率受现金漏损率的影响，不同地区的企业发展环境不一样，所造成的资金周转率和货币流通速度也存在地区差别。对那些拥有区位优势、经济水平较高、政府帮扶程度更大的地区，金融因素更容易集聚，使不同省份的金融发展差距越来越大。本章将结合前文的因子分析法所测得的集聚情况进行解析，以更好地发挥金融集聚所带来的正面效应。

6.1.1 聚类分析概述

聚类分析的基本思想是把所要研究的数据对象以相似的程度为标杆分类，把相似度更高的分到一个类别，把相似度更低的分到不同的类别，这种分析方法适用面很广，任何数据都可以处理，对数据并没有特别的要求。

因各类别之间的距离计算方式多种多样，聚类算法的种类也较多，在应对不同的实际问题中，系统聚类法的应用较为广泛，因此，本书借助系统聚类法进行聚类分析。

6.1.2　系统聚类法

系统聚类的主要思想：若 n 个样品分别有 m 个指标，首先，算出样品与样品、类别与类别之间的距离，把各个样品分别作为一个类别，即类间距离等同于样品间距离；其次，将距离最近的两类并为一类，并计算这类与其他类的类间距离，重复进行，这样所有的样品都合为一类。

系统聚类法把分类对象分为 R 与 Q 两种类别，其中，把对变量的分类定义为 R，把样品的分类定义为 Q，采取这种分类方式可以得出较为直观的结果；相较于传统分类方式来说，可以得出更加细致、全面合理的结果。聚类图可以清晰明了地显示分类结果。本书的分类对象是样品，所以选取 Q 型聚类对西北五省 30 个城市的金融集聚因子分析的综合得分进行聚类，结合现实情况对西北五省 30 个城市的金融集聚情况做客观分析。对各个地区展开金融优势方面的研究，根据研究结果制定出适宜该地区实际情况的金融发展计划。根据上述的分类方法，系统聚类的具体操作步骤如下：

第一，把每个样品分成单独的一类，共分为 n 类。

第二，把 n 个样品两两分为一组并计算其之间的距离，构成距离矩阵。

第三，把距离最近的两类合并为新的一类。

第四，计算出新的一类与当前其他各类之间的距离。重复步骤三的过程，到只剩下一类时停止计算。

第五，绘出谱系聚类图。

第六，决定具体分为几类及各类中应包含的成员。

6.1.3　聚类分析结果及分析

根据前文运用因子分析法对西北五省 2022 年 30 个城市的金融集聚水

平的测度，本章利用 Stata15.0 软件采用系统聚类法下的最长距离法的聚类分析法，对 30 个城市的金融集聚水平进行分类分析。西北五省间的聚类情况可以通过聚类分析树图清晰明了地展示出来。同时聚类分析树图还可以清楚明晰地展示出聚类分析的整个过程，并显示每一次聚类过程中各个样本之间进行合并的具体情况。具体结果如图 6-1 所示。

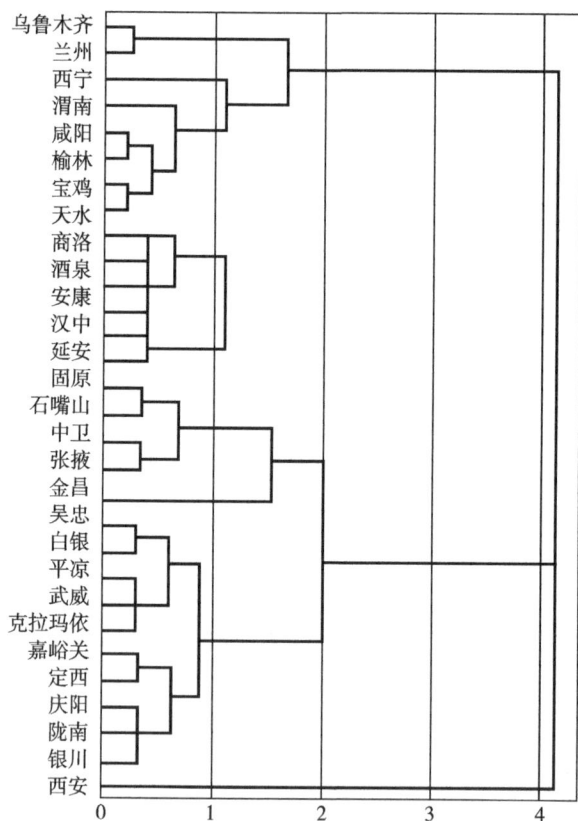

图 6-1 西北五省 30 个城市系统聚类分析树状图

由图 6-1 可知，可将西北五省 30 个城市按照金融集聚水平分为五类，结果如表 6-1 所示。

表 6-1　系统聚类分析法下的城市分类

类别	城市	数量
第一类	西安	1
第二类	兰州、乌鲁木齐	2
第三类	西宁、渭南、银川、咸阳、榆林、宝鸡	6
第四类	天水、商洛、安康、酒泉、汉中、延安	6
第五类	固原、石嘴山、中卫、张掖、金昌、吴忠、白银、平凉、武威、克拉玛依、嘉峪关、定西、庆阳、陇南	14

第一，西安作为第一类。从目前的经济实力来看，西安是陕西的首府城市，同时也是陕西省的政治、文化、经济中心。毋庸置疑，西安拥有强大的经济综合实力。与其他省份不同的是，陕西省有与内地其他省份紧密联系的地理优势，这一原因也使得西安的经济发展飞速，与此相关的经济产业也因此得益，得到迅猛发展。西安的多项经济指标也位居副省级城市前列，在关中平原城市群的"领头雁"作用凸显，同时实行了人才引进计划使得人力资源持续增强，规模以上战略性新兴产业加速发展，促进了实体领域投资，为资金融通、银行信贷打下了良好的基础，是打造西北金融中心的首选城市。

第二，乌鲁木齐、兰州作为第二类。乌鲁木齐和兰州分别为新疆和甘肃的省会城市，同样集聚着一省的政治、经济、文化中心，为推进金融发展营造了良好的环境。而就目前来看，乌鲁木齐无论是在金融机构还是在金融产业方面发展得都比较完备，从它能成为自治区就可以看出，接下来的任务就是结合当下的机遇来进行挑战，借此达到建设丝绸之路核心区、拓展金融产业、金融服务发展的核心目标。新疆是"丝绸之路经济带"的核心区，在地理区位、经济以及人文方面，都具有独特的优势。当下在"一带一路"倡议的引导下，企业将获得更多的海外投资，乌鲁木齐在这个时候要认清自身优势并加以利用，抓住当下机遇，增强与中亚等国家在金融方面的合作。虽然现在看来乌鲁木齐无论是经济水平还是金融实力都发展比较迅猛，但相比于经济更为发达的地区来说差距还是特别大的，在很多方面还存在着很多问题，比如基础设施不完善、金融发展水平速度缓慢、融资结构不合理等。

近年来，兰州市政府一直在吸引更多金融机构落户本地，采取了各种措施，就是为了把兰州建设成金融重点城市。由于金融市场规模得到扩大、经济实力也得到很大提升，在这些因素下，兰州市作为区域金融中心，它的集聚力和对外辐射力也得到了很大的提升，从而建设核心功能区也更为容易了。兰州是我国促进东西部交流，加强南北方沟通的重要城市之一。由于其地处西陇海兰新经济带，相较于其他周边城市而言，拥有良好的区位优势。并且，目前在兰州新区成立了西交所广场，这也是唯一的金融集聚区。在国家政策的大力扶持下，通过兰州新区的自我发展与努力，大量资本和技术被投入新区。同时，政府实行大力支持金融发展政策，将相关的基础设施建设逐步完善，为未来建设西北地区金融中心提供强有力的政策支持。因而，建设西北金融中心的备选城市为乌鲁木齐市和兰州市。

第三，西宁、渭南、银川、咸阳、榆林、宝鸡为第三类。这些城市中西宁和银川分别是青海和宁夏的省会城市，较于西安、乌鲁木齐以及兰州的经济发展水平具有一定的差距，但是在前文的因子分析中可以看到依旧有较高的金融集聚水平，且具有辐射效应。另外4个城市都属于陕西省，说明陕西省整体经济实力较强，同时，以西安为中心已经形成了由内向外的金融辐射效应，带动周边城市的金融水平发展。

第四，天水、商洛、安康、酒泉、汉中、延安为第四类。这一类的综合实力不高，相较于国内外其他较发达城市，这些城市的发展水平尚待提高，对当地金融业的建设和发展造成影响。

第五，张掖、固原、石嘴山、武威、嘉峪关、白银、定西、中卫、庆阳、金昌、克拉玛依、吴忠、陇南、平凉为第五类。由于这些城市处于西北五省内的边缘地区，远离省会城市的经济、政治、文化中心，造成了不论是人才的集聚、物资的集聚还是信息的集聚都位于劣势，在一定程度上阻碍了经济的发展。

6.1.4　各类地区因子均值得分结果及分析

通过因子分析法将各个区域的金融集聚的现状进行打分并综合分析，然后与前文中的金融集聚分类相结合，对各类别的经济基础、金融规模、金融支持进行打分，最终得出综合得分，得出的结果如表 6-2 所示。

表 6-2　各类地区综合均值得分及各因子均值得分

	经济基础	金融规模	金融支持	综合得分
第一类	2.997	0.204	0.025	3.321
第二类	0.7184553	0.9119588	1.1208332	0.8100818
第三类	0.248481	0.548995	−0.25514	0.27339
第四类	−0.17747	−0.28465	0.101611	−0.19486
第五类	−0.33893	−0.3961	−0.11343	−0.3748

为了较好地对西北五省各城市的金融集聚水平情况进行分析，本部分基于表 6-1 和表 6-2 就西北五省 30 个城市的得分情况进行了分析，并应用雷达图将各个类别进行特征分析，得出图 6-2 所示的结果。

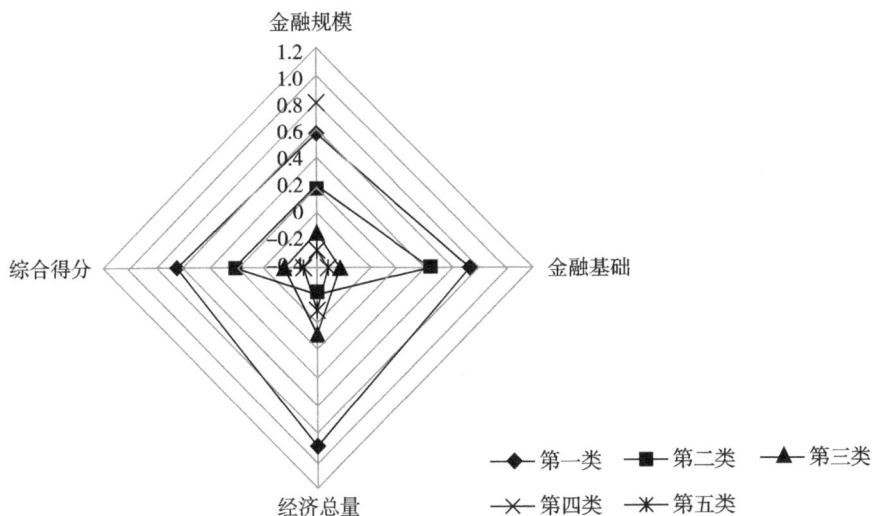

图 6-2　各类地区雷达分布图

从图 6-2 中可以看出，得分情况是第一类的城市综合得分最高，且各部分得分相对均衡，各个部分大致都处于五类城市中的领先地位，但在金融规模方面较第二类差，影响其得分的是财政资金对科技和教育的投入，说明政府对金融支持不够。综上所述，本书认为第一类地区即西安在金融集聚中最优秀。

观察第二类城市的得分可以看出，第二类城市与第一类城市的评分拉开了较大差距，但优于第三、第四、第五类城市。各个部分得分较为均衡，虽然与第一类地区的各因子得分有差距，但是没有出现劣势因子，都是绝对优势因子。因此，本书将第二类地区评价为一般。

第三类地区金融集聚总体得分以及各因子得分明显低于前两类地区，且差异性较大。经济基础和金融支持两个因子为绝对优势因子，而金融规模为劣势因子，说明尽管这类地区有良好的金融环境供其金融行业的发展，但是其规模没有达到理想的程度。

第四类地区和第五类地区金融集聚总体得分较低，这些地区都不具有金融极化效应。

6.2　西北五省 30 个城市金融集聚等级划分

经济发展的过程中必然伴随金融资源的聚集，而与此同时，金融资源的聚集也会对经济发展产生巨大的影响。在前文运用聚类分析法和因子分析法对目前西北五省各个城市的金融集聚水平进行了分类划分，但随着时间的推移，不同地区的区位、政府扶持力度、经济发展水平以及省份的未来潜在增长力不同，仅仅是依据目前的经济状况和金融生态环境来划分金融集聚的等级是不够的，应结合未来的区域环境、金融创新能力进行评判等级。就某一区域从时空结构来看，金融资源的聚集呈现出阶段化，具体来看，分为以下四个阶段：

第一，金融散点：在某一区域中，经济发展较为落后、金融机构数量较少、金融资源稀缺，难以满足自身经济建设所需金融资源，过分依赖与其他省市的金融扩散效应，是金融均衡发展的盲区。这一类城市被称为金融散点。

第二，金融支点：在经济发展较快的区域，产业集聚带动金融产业逐步成长，金融渐渐成为产业结构中不可或缺的部门。但由于成长能力的限制，金融产业在产业整体中所占的比重较小，仅属于发挥基础作用的产业。金融产业初始成长阶段决定了城市的金融规模较小、职能层次较低、强度较弱，一般称此类城市为金融支点。

第三，金融增长极：金融产业进入中级成长阶段，开始在区域经济的产业结构中占据较大份额，逐步成为区域经济发展的动力性条件和重要力量，成为推动核心产业集聚的启动器和神经中枢，并对区域经济发展起支撑作用。此类城市称为金融增长极，在区域金融结构中占有重要的地位，其数量、规模以及布局对区域经济发展具有深远影响。

第四，金融中心：金融产业跃升为主导产业，其成长达到高级阶段。金融表现出强大的渗透力和推动力，在区域产业结构系统中具有带头作用，在很大程度上决定产业结构未来发展方向和发展状况。就某一区域来看，这类城市被定义为区域金融中心，这类城市在某一区域中一般为一座城市。但随着经济全球化的发展，为适应新的发展需求，这类城市在某一区域中数量不再是传统的一座。

以上金融等级的划分标准借鉴了张凤超（2006）在金融地域运动的主要划分标准，同时也添加了金融辐射域这一衡量标准，力求对西北五省30个城市的金融等级做出客观、科学的划分。即同时考虑某一城市金融集聚水平和金融辐射力两方面的因素，金融集聚能力被看作是一座城市自身金融发展能力，而金融辐射力则被看作是这座城市在某一区域内对其他城市群金融、经济等方面的影响力。这种影响力也可称为这座城市的金融扩散效应。部分学者认为西安已成为西北五省的金融中心，西安看似成为西北五省的金融中心，承担着西北金融中心的责任，但从前文的实证分析结果来看则不然。2016~2021 年西安的金融集聚水平始终靠前，较高的金融集聚水平确实在一定程度上证明了西安市稳定的金融发展水平，且其在 9 个城市中拥有的较高金融辐射域半径也表明了其较大的对外辐射能力。但从区域经济学范畴来看，西安市的金融辐射半径只涉及省内辐射，并没有对其他省份城市起到金融辐射效应，说明西安市的金融扩散效应还不够凸显，并不能称其为西北五省的金融中心，就目前来看只是承担了金融增长极的职责。所以西北五省在客观程度上来说还未形成强有力的、能对其他城市群产生积极影响的核心城市，也就是我们常说的城市金融等级结构的核心——金融中心。

如表 6-3 所示，西安、乌鲁木齐、兰州、银川、宝鸡、渭南、榆林、咸阳、西宁这 9 个城市在西北五省的金融定位为金融增长极。9 个城市被列为金融增长极的原因主要从两方面来看，一方面是因为这些城市的金融产业的集聚发展水平皆为正值，这意味着这些城市的金融集聚发展比较稳定，且金融产业成长到一定的程度，侧面也说明了这些城市的金融职能已经超越了金融支点仅能发挥基础保障作用的范围，这些城市的金融职能层次、规模和能力都得到了提高，已经很大程度上超越了金融支点；另一方面是因为这些城市不仅拥有较高的金融集聚发展水平和金融集聚发展稳定性，更是拥有对其他城市的金融辐射能力，这说明这些城市的金融产业已经成为支柱产业，在产业结构中占据着较大份额，它们可以通过发挥金融产业集聚效应为其产业结构调整充足动力的同时还可以通过其金融辐射能力有效带动区域经济发展。作为金融增长极的这些城市在经济发展的过程中满足自身金融需求的同时，对其他城市有一定的金融辐射能力，但这种辐射能力有强有弱，例如，西安的金融集聚水平为 3.566，金融辐射半径为369.649 公里，是这些城市中现有金融发展较好的城市，对于那些金融辐射能力较弱的城市应当努力提高其金融产业的规模和职能以及金融产业的成长能力，因为金融增长极是区域经济发展中的中流砥柱，能够起到金融资源承上启下的作用。

表 6-3　西北五省 30 个城市金融等级划分规划表

金融中心	金融增长极	金融支点		金融散点
	西安市	汉中市	白银市	
	乌鲁木齐市	延安市	吴忠市	
	兰州市	天水市	庆阳市	
	银川市	酒泉市	定西市	
	宝鸡市	安康市	陇南市	
无	渭南市	商洛市	铜川市	其他市县
	榆林市	嘉峪关市	克拉玛依市	
	咸阳市	武威市	张掖市	
	西宁市	平凉市	固原市	
		中卫市	金昌市	
		石嘴山市		

以汉中、延安、固原、克拉玛依、金昌等 21 个城市为金融支点，尽管这些城市的金融产业经过长时间的积累，已经能够满足其自身的金融需求，成为产业结构中不可或缺的一部分。一方面从金融集聚发展水平和金融集聚稳定性两个因素来看，这些城市的金融集聚水平均为负值，在一定程度上不仅证明了这些城市的金融发展得还不够成熟，也证明了其对周边城市群并不能产生辐射效应。另一方面因为这些城市金融产业的成长能力、占产业结构比重和规模都是有限的，因此它们只能作为金融支点发挥基础保障作用的基础产业。进一步来看，在未来的发展过程中，随着城镇化建设的推进和我国经济的逐渐变好，对那些难以满足自身金融需求的一些城市，也应积极发展金融业，利用上游金融资源实现自身金融资源的需求，争取成为新的金融支点。

金融散点使本市的金融资源难以满足自身经济发展的需要，需要其他城市的金融帮助，这也是国家实行金融普惠制要覆盖的区域，这些城市具体表现为经济发展较为落后、基础建设不完善、金融专业人才缺乏；对于这些在占据金融散点级别的城市，他们应该努力抓住经济发展的机会，努力提高自身金融职能层次、能力和规模，争取早日成为在不需要依赖其他城市金融帮助的情况下便可以满足其自身金融需求的金融支点。

6.3　西北段金融集聚优化策略

前文通过运用因子分析法和聚类分析法对陕西、甘肃、青海、宁夏、新疆西北五省30个城市的金融集聚水平的评价指标选择和模型构建进行相互印证，结合定性结果对西北五省的各个城市进行了等级划分，同时发现各地区在金融发展中存在的问题，结合其他发达地区的金融发展经验，针对前文中提出的问题，分别从经济基础、发挥政府作用、完善市场体系、加大金融人才建设、西北五省资源互通、扩大对外交流六个方面提出优化策略。

6.3.1　夯实自身经济基础

从经济与金融相关、互补互进的特点出发，西北五省应该更加关注自己实体经济的稳健发展。优化各产业结构，尽快完善经济市场化。各个地区在巩固自己经济基础的同时，应该精准知道自己处在哪个发展阶段，以此为出发点来突出自己的特色，进而推动经济增长。

第一类城市，以西安为中心城市。西安市应该充分利用自己的优势，如"丝绸之路"的建设以及深厚的文化底蕴等来推进自身经济的增长。一方面，要积极对接"丝绸之路经济带"建设，将西安市转变为改革开放的前沿城市，打造向东和向西双向开放的西北段中心城市，进一步吸引资金、人才、信息及高新技术产业在城市空间范围内集聚，扩大人口和经济集聚规模，为金融集聚提供良好的经济基础；另一方面，要踊跃创建全面深化改革先行城市，积极推进全面创新改革试验、西安高新区自主创新示范等重要的改革试点，加快探索，积极改革，形成区域特色发展引领区，引领陕北、关中和陕南三大地区经济协调发展，扩大金融辐射的覆盖广度和深度，进一步形成西北段经济和金融集聚中心，在经济和金融协调共进中，实现西安市金融集聚规模和金融辐射能力的进一步提升。

第二类城市，以乌鲁木齐和兰州为核心的城市。近年来乌鲁木齐经济与金融得到了较快的发展，但是与经济发达地区相比，还存在较大的差距，乌鲁木齐的经济应与"丝绸之路"相互融合、相互促进。乌鲁木齐更应该根据新疆的情况"量体裁衣"，争取把乌鲁木齐建设成一个综合的、大型的交通枢纽，并进一步推进乌鲁木齐的经济发展。要紧抓"丝绸之路经济带"核心区建设，积极完成交通、通信、物流等基础设施建设，大力推动高新技术产业、商贸流通业的发展，积极推动西北段中心城市建设，在提升经济规模和经济质量的基础上，促进金融集聚规模和质量的双向提升，发挥西北地区金融辐射带动作用，促进普惠金融发展和金融共享能力提升。兰州作为西北段重要的中心城市，要继续扩大开放规模，为经济高质量发展积累动能，一方面，兰州应该加强交通方面的建设，完善水、陆、空方面的交通设施，包括要尽力建造与国际接轨的中转枢纽。同时也要多和国内城市合作，诸如与天津港合作建立联合港等。强化兰州综合交通枢纽和物流中转中心能力，为经济集聚和金融集聚提供坚实的物质条件。另一方面，要进一步完善营商环境，加大招商引资力度，依靠兰州新区综合保税区和兰州国际陆港综合平台，加快引进各类500强企业、行业龙头企业投资及产业项目，利用"一带一路"各类展会优势，搭建政府开放平台，将"兰洽会"打造为具有国际影响力的大型展会，吸引资金、项目及产业的落地共建，提升经济发展动能，为区域经济发展和金融集聚中心建设提供完善的基础设施和开放平台，促进金融辐射范围的进一步扩大。

第三类城市，以西宁和银川等为代表的次级核心城市。对于城市经济和金融发展相对落后地区，应完善它们的经济基础设施，完善市场化建设。慢慢引导当地人民学会开放式市场交易，让他们慢慢明白只有与外界交流、交换资源，自己才能实现真正的发展。同时，当地政府也必须明确自己的经济发展现状，明白自己地区的优势与劣势，明确经济发展规律，顺应经济发展规律，因地制宜地制定真正符合且能推动当地经济发展的政策。以银川为代表的城市，开放基础较为薄弱，市场化水平较低，交通区位优势处于劣势，因此，要提高经济发展的速度，重在打造外向型经济发展模式，要以宁夏开放型经济试验区为机会，进一步扩大对外贸易规模，完善各类基础设施和产业高新区建设，吸引外商资金流入，加大经济开放力度，扩大金融集聚规模，强化首府城市区域金融辐射能力。

第四及第五类城市，以天水和延安等为代表的地级市。该类城市经济发展较为缓慢，金融集聚水平不高，发挥着极化效应。该类城市经济发展要依托区域中心城市建设总体布局，因地制宜推进多样化经济模式。以延安为代表的红色城市，可以重点发展红色旅游产业，与西安、宝鸡、咸阳打造区域一体化经济发展模式，加强区域经济发展协调互动能力，提升经济发展质量，以克拉玛依为代表的资源型城市，可以依托资源优势和经济规模优势，积极推进资源型城市转型，吸引金融资源在城市空间范围内合理集聚，打造辐射北疆的次级金融集聚中心，促进新疆地区经济协调发展。

6.3.2 加快对自身金融规模的扩大

6.3.2.1 完善金融市场体系的建设

西北五省应继续建设金融市场体系，进一步完善市场化，引导金融资源合理有效地流动。在经济发展较好的中心城市着力培育多元化金融市场机制，加强金融市场体系的建设，促进金融市场和产品创新，在经济较为落后的城市地区，完善其基础设施的建设。

首先，在金融规模较好的金融中心城市，如西安、乌鲁木齐和兰州等城市，要着力推动股票交易市场的建设，让投资工具更加丰富多彩，鼓励该类地区更多优质企业在主板和二板市场融资，逐步完善多元化金融市场体系，促进中心城市金融规模的扩大和金融市场的繁荣发展。同时应加强建设资本主义市场，包括场外交易与场内交易，允许多种多样的投资方式并存，鼓励当地企业及人们参与到资本市场中来。让政府与人民共同推进金融市场的繁荣发展。

其次，在金融规模适中的次级金融中心城市，如西宁、银川等城市，要着力打造以中小企业为服务目标的金融发展体系，解决中小企业"融资难"的问题，尽量使原先借不到款的中小企业能借到款，原先能借到款的中小企业能借到更多的款，使中小企业能够生存，然后进一步做优做大中小企业，逐步提升经济实力，吸引大中型企业、大型商业银行、证券及保险公司进入，完善金融设施服务体系。

最后，在金融规模较小的地级市，如天水、固原等城市，要着力打造综合普惠金融体系，通过金融资金融入促进产融结合，提高该类地区金融延伸的广度和深度，重点以该类城市金融发展为中心，促进该类地区城乡经济协调发展，推动农业的发展，打造综合普惠金融体系。

6.3.2.2　加大金融人才建设

建设金融中心需要一个有效的支撑平台。各类金融人才是构建金融集聚平台的核心，经济金融的发展需要一大批能够适应金融业快速发展需要的金融人才。为各类人才提供好的薪金和工作环境，从制度、教育、信息等方面挖掘、培养、吸收和集聚中高端金融人才完善人才引进政策，积极引进具有国际视野的金融人才，在引进人才的时候也要考虑当地的经济发展现状，争取引入能真正推动当地经济发展的金融高端人才。政府应颁布人才引进计划，计划中应包括引进人才的类型、人才薪酬、人才福利、人才应发挥怎样的作用、超额薪酬等。另外，可以为当地急需的人才建立快速渠道等。可以建立专业团队专门负责分析西北五省或者当地需要的人才类型、人才能力，并物色这样的人才，包括负责设置人才薪酬及相关事宜。这个专业团队应借助网络交流平台或者去内地高校及招聘平台来物色相关高端人才。尤其像西安、乌鲁木齐、兰州等西部发达城市，更需要引进高级人才，为西北五省注入新鲜的"血液"。首先，在金融规模较好的城市培育本土人才，有助于这些城市进一步发展、繁荣；其次，在金融规模适中的次级金融中心城市，如西宁、银川等城市，培育本土人才，可以带动本市乃至本省的经济发展；最后，在金融规模较小的地级市，如天水、固原等城市，培育本土人才，可以使这些城市稳住自身经济，进而使经济慢慢发展。

6.3.3 发挥政府对金融扶持优化作用

6.3.3.1 将制度建设作为金融发展环境基础

金融良好发展的基础就是有一个完善、有效的制度环境，因此，西北五省应出台相应的政策并加强宣传，完善经济制度建设。为西北五省经济发展打下良好的基础。西北地区属于中西部地区中经济和金融发展较为落后的区域，要紧抓"丝绸之路经济带"发展机遇，以政府优惠政策为引领，强化金融支持能力，不断提升中心城市经济良性发展能力。第一，西北五省应完善相关的法律法规，综合考虑西北五省的发展现状及优劣势，出台相应政策，鼓励金融资源向西北五省地区流动。西北五省的中心城市应发挥自己的力量，因为这些中心城市是西北五省经济发展最好的城市，应带动其他城市的发展。西北五省应扩大政策性金融的业务范围，提高涉农资金比重，促进西北地区金融普惠能力建设，做好金融扶持工作。第二，西北五省应完善信用体系的建设。政府应出台相应政策来支持信用体系的建设。包括银行、保险等金融部门对风险的有效识别与应对。西北五省应促进各个部门的合作，使其资源共享、优势互补，共同推进金融业的发展。政府应加大对违信人员的打击力度、加强宣传，包括开展诚信讲座、免费发放诚实守信手册等，使诚实守信的理念深入人心，从根本上遏制失信行为的发生。第三，制定人才引进计划，积极引进具有国际视野的金融人才，在引进人才的时候也要考虑当地的经济发展现状，争取引入能真正推动当地经济发展的金融高端人才。也应制定防止人才流失政策，考虑人才在哪种情况下会流失、为什么会流失等，制定相应的措施，使西北五省能引进人才也能留住人才。同时完善相应的基础设施，使高端人才能更好地发挥自己的才能。尤其是像陕南地区、甘南地区、南疆地区这样发展较为落后的地区，更应制定人才引进计划与防止人才流失的措施，让这些地区能吸引人才也能留住人才，进而推动当地经济的良性发展。

6.3.3.2　完善基础设施建设

金融集聚建设，基础设施先行。基础设施虽不是金融集聚的重点，但却在金融集聚中发挥着基础作用，金融集聚需要基础设施给予保障，如通过提供交通设施、电信网络设施、电力设施、宾馆、写字楼等公共物品来协调推进金融集聚。

第一类城市，以西安为中心城市。西安的基础设施较好，政府可以不必在这方面进行过多支出，只需保证基础设施可以正常运行即可。第二类城市，以乌鲁木齐和兰州为核心的城市。近年来兰州市政府大力支持金融发展政策，将相关的基础设施建设逐步完善，为未来建设金融中心提供了必要的保障。近年来乌鲁木齐的经济与金融得到较快的发展，但在基础设施方面还存在问题。基础设施在推动地区经济发展方面起着重要作用，新疆是"丝绸之路经济带"的核心区，乌鲁木齐作为新疆的首府，更应具备完善的基础设施，因此政府应加大对乌鲁木齐基础设施的建设力度，为乌鲁木齐的金融集聚提供支撑。第三、第四及第五类城市，这些城市在基础设施方面也存在一定问题。政府更应加大对这些城市基础设施的建设力度，为其经济发展提供保障。

西北五省必须增加基础设施有效供给，完善基础设施建设和配套金融功能，以满足现代金融城市承载体系发展的需要，为金融业发展提供更好的载体。此外，为了提高基础设施供给效率，政府应该注重引入多方资本参与投资和公共产品的供应，进一步改善西北五省的基础设施条件，为吸引投资和发展经济奠定坚实的基础。

第7章 中国西北段金融中心的建设构想

7.1 国内外金融中心建设经验借鉴

金融中心实际上是由各种金融机构组成的金融交易平台，目的是将资本借贷和融资聚集在特定区域。该平台为金融实体提供各种金融服务，如交易聚合和金融结算。金融中心充任金融机构的"中介"的职能。目前，国内外已经建立了许多金融中心，如纽约—波士顿、伦敦、香港—上海、深圳等，但最值得一提的是"双核式"金融中心。

从建设原则来讲，所谓的"双核式"金融中心是指一个金融中心的建设是在经济区内创建了两个金融中心。重点错位地发展各中心相应的金融机构产品和服务，互补功能定位金融机构聚集度及人力资本的需求不足，从而避免重复无序竞争，使金融业在其经济腹地发挥最大作用。有些经济区由于地理辐射范围大，资源不集中等，建立传统的金融中心会导致金融中心发展较好，而稍远一点的地区则经济发展不好。所以就需要建立两个金融中心，使得该经济区内经济能平衡、稳健地发展。在一些地理辐射范围大，资源不集中的经济区，需要建立两个甚至多个金融中心。让其功能相互补充，并且这两个中心将相互关注。这两个金融中心应合作共赢、资源共享、优势互补，使其为经济区的整体利益服务。这两个金融中心可以重点考虑发展自己的经济。每个城市都有发展优势和避免劣势的合理位置。可以养成优势，避免劣势，合作共赢。

7.1.1 国外经验借鉴

现在有很多学者赞同"双核式"金融中心，例如，有学者提出的"纽约—波士顿""多伦多—蒙特利尔"模型对西北地区的金融建设来说有很多值得学习的地方。第一，"纽约—波士顿"金融建设模型，纽约和波士顿都是美国的发达城市，这两座城市距离不远，然而这两座城市还有很大不同，它们有各自的优势和劣势，因此这两座城市进行了联合，它们优势互补，进而成就了"纽约—波士顿"金融建设模型。在这一模型下，纽约的资本市场相当活跃，其开放程度在美国也是数一数二的，因此纽约作为开放性的金融中心。相比而言，波士顿没有纽约开放，但它也有自己的优势，其银行的普通业务发展的相当好。这两座城市合作共赢、资源共享、优势互补，避免劣势，合作共赢，共同推进美国经济发展，可以说美国的经济发达有"纽约—波士顿"模型的一臂之力。

多伦多是加拿大最大的经济中心，是北美第三大金融部门。有很多外资银行在多伦多建立自己的总部或者分部。其拥有北美前三、加拿大第一大的证券市场。蒙特利尔是加拿大的重要组成部分。拥有加拿大最大的金融衍生品交易所的港口和铁路枢纽，多伦多拥有健全的银行体系和发达的证券交易所，而蒙特利尔对金融衍生品具有很大的影响力。两者可以合作共赢，共同促进了加拿大经济的发展。

总而言之，传统的金融中心已经不能在经济快速发展的今天脱颖而出，而"双核式"金融中心却可以做到这一点。"双核式"金融中心有单核式金融中心难以比拟的优势。因此西北五省应顺应经济发展的潮流，积极建设"双核式"金融中心。而乌鲁木齐和西安是西北五省中经济发达的城市，且其能准确地了解自己的优势和劣势，因此乌鲁木齐和西安可以借鉴上述案例建立西北五省的"双核式"金融中心。

7.1.2 国内经验借鉴

"双核式"的金融中心模式已经在国外有了很成熟的发展，在国内也有一些成功的案例。其中最成功的案例应该是"香港—上海"双核式国际金融中心。而这在金融功能上也采用了分工协作模式，利用各自的优势，合二为一为中国经济提供大量金融服务。根据具体分析，香港是中国对外贸易的南大门，其独特的地理位置为其创造了良好的金融环境，加之其由于历史因素创造的多元文化更使其成为中国金融业对外发展的窗口，香港实施较为宽松的政策其发展灵活性较强，它作为国际金融中心的出现创造了更多的可能性。尽管上海距离中国经济的实际所在地更近，但上海金融中心可以降低外国直接投资在中国的成本，吸收更多的外国直接投资，并且把中国人民银行和外国央行间货币合作等职能融入到上海金融中心的范围，也将利于提高人民币在国际货币体系中的地位。尽管这个双核式金融中心的建设仍处于"雏形"阶段，但可以预见，未来上海和香港将根据不同的特点提供或调整金融服务，共同为中国实体经济的发展提供服务。

7.2 "双核式"宏观金融中心构建

针对选择在西北五省构建"双核式"的金融中心的必要性来说，西北五省占据"丝绸之路经济带"极其重要的一部分。西北五省包括陕西（丝绸之路中国地区的起点）、甘肃、青海（丝绸之路中国地区西南段与西北段的节点）、宁夏、新疆（丝绸之路中国地区的终点）。西安不仅在西北五省中占据着不可撼动的龙头地位，同时也占据着西北五省的起点——陕西省省会城市的优势地位。相较于西北五省的其他 29 个城市，西安在 GDP 总量、金融资源、金融基础等方面占据着难以在短时间内赶超的优势地位。但是作为"丝绸之路经济带"中国地区与外国连接的城市——乌鲁木齐，它同时兼具不容忽视的、巨大的金融发展潜力和位于"丝绸之路经济带"的区位优势。"丝绸之路经济带"地域形式的带状和文化背景的多元化就意味着其是一个不同寻常的特殊经济带。从长远的金融及经济发展角度来分析，"丝绸之路经济带"与传统的"单核式"区域金融中心之间显然是不适配的。此时，更加科学和必要的可行方案便是在"丝绸之路经济带"上构建"双核式"的金融中心。

从当前的金融集聚水平和金融辐射域综合水平进行分析，可以得出：西安的经济总量和金融发展水平明显领先于"丝绸之路经济带"西北段其他 29 个城市；但西安的辐射能力尚未做到最大程度上的发挥。西安的金融扩散效用未得到全面的展现，尚未发挥出对大多数城市群的扩散效应，也尚未发挥出金融中心的优势作用。

与此同时，相比较于中国其他一线城市的经济总量和金融发展水平，西安仍然存在差距。尽管西安是国家核心经济中心之一，经济总量也位居全国前列，但仍落后于发达的沿海城市，金融发展水平差距更加严重。但西安却能够获得学者的认可，成为建立西北五省金融中心研究中的热门城市。

随着"丝绸之路经济带"的建设与发展，有学者意识到乌鲁木齐占据的区位优势，便提出将其建为"丝绸之路经济带"甚至可以辐射到中亚地区的国际金融中心。在"丝绸之路经济带"西北段中，乌鲁木齐的金融集聚水平和金融辐射域低于西安。针对金融集聚的综合得分进行分析，可以看出，乌鲁木齐金融发展环境这一项评分优于西安，说明其拥有很大的金融发展潜力。根据目前的实际情况，并结合未来的发展趋势综合分析，在"丝绸之路经济带"西北段建立"双核式"的金融中心——西安和乌鲁木齐，实现两地之间资源的合理配置。把人民币结算及清算中心建在乌鲁木齐。乌鲁木齐可以凭借地缘和文化优势，承担起人民币在国际贸易汇兑及清算的责任，更加有利于推动人民币国际化的进程。西安应积极发挥现代化的金融优势，不仅要向其他西北 29 个城市传播金融发展的成功经验及成果，还要给予丝绸之路西北段必要的资金等多方面支持。"双核式"的金融中心并不是在同一经济区域内简单、相互独立地存在着两个金融中心，"双核式"存在的意义是两个金融中心之间形成优势互补的发展，最终实现互利共赢，以此来带动整个经济区域的金融发展和经济繁荣。

如图 7-1 所示，在"丝绸之路经济带"中国地区发展建设的大背景下，结合前文金融集聚水平和金融辐射域进行综合研究分析，可以得出结论，选取西北 30 个城市中的西安和乌鲁木齐同时作为区域金融中心，在西北五省构建起"双核式"的金融中心。"双核式"的金融中心既不同于传统的单核式区域中心，又不是在同一经济区域内简单地、相互独立地存在着两个金融中心。"双核式"的金融中心目的是实现两个金融中心之间的合理分工、资源连通和优势互补。

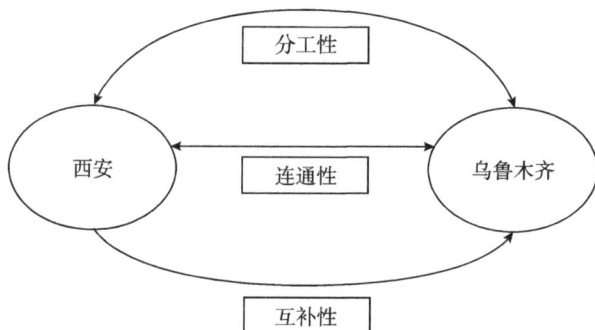

图 7-1　西安、乌鲁木齐"双核式"金融中心构建思路

7.2.1　"双核式"金融中心的合理分工

在"丝绸之路经济带"中国地区发展建设的大环境下，西北 30 个城市使出浑身解数、不遗余力地抓住这一千载难逢的发展机遇——成为西北五省的区域金融中心。西安主打财力牌，乌鲁木齐主打地域牌，兰州打出发展牌。国家出台建立"丝绸之路经济带"的相关政策，旨在强调西北五省的统筹规划、宏观调控，各个城市结合自身的实际情况，发挥优势，合理分工，健康发展。提出构建"双核式"的金融中心就是在最大程度上避免西北 30 个城市之间出现恶性竞争、资源浪费的经济恶果。

上海—香港这一"双核式"金融中心的分工给西北"双核式"金融中心的分工提供了可供借鉴的宝贵经验。上海、香港凭借自身优势，合理分工，默契配合，协同推动金融行业的健康发展。

西安这一金融中心的建设应选取"内渗型"的模式。西北经济区域内最大的商贸旅游中心——西安，其在 GDP、地方财政收入等方面遥遥领先于西北其他 29 个城市。西安现有的经济发展优势有利于其发挥区域金融中心的作用。西安在科技力量、开放程度、金融机构类型及数量等方面具有显著的优势，可以选择将其作为西北五省"内渗型"的金融中心，主要任务是承担起满足西北五省金融需求的职责。在"丝绸之路经济带"的建设发展进程中，不可避免地需要大量金融资本作为支撑。因此需要西安站在全局的角度合理统筹规划金融资源，同时提升自身的金融创新能力，采取相关措施，发展大型金融组织体系，扩大信贷规模，加快资本市场的培育和发展，做好充足的准备为"丝绸之路经济带"的建设发展提供支持。

乌鲁木齐这一金融中心的建设应选取"外延型"的模式。作为西北五省金融集聚水平靠前的城市——乌鲁木齐，不仅在发展势头和发展潜力方面具有明显的优势，还在地理区位方面占据着得天独厚的优势。作为西北五省外延型金融中心的乌鲁木齐主要承担的职责有：建立人民币的离岸中心，鼓励扶持外资及中外合资银行的设立，有效地推动多元化金融市场的建立；金融环境的发展重点是建立起完善的相关金融政策体系，进一步深化完善人民币跨境结算的一系列相关政策法规，助力区域内的金融创新。乌鲁木齐在人民币离岸中心的建设初期阶段，免不了需要西安在资本、人力、技术等多个方面伸以援手，给予支持。

乌鲁木齐作为我国对外沟通的窗口城市，要利用好与"丝绸之路经济带"沿线国家特别是跟中亚五国的地理区位优势，推动人民币区域化的进程，实现人民币跨国境的流通与结算。在邻近国家的贸易合作与投资融资过程中，选用人民币作为结算方式，将其自然地渗透进区域内经济金融活动当中。这一做法能够拓宽人民输出及回流的相关渠道，增强邻国选取人民币作为区域储备货币的意愿，有效地推动人民币区域化的进程。人民币区域化战略可以从以下四个方面寻找新的突破点：

第一，乌鲁木齐应利用与沿线国家进行食品、能源、黄金、矿产资源等大宗商品交易的贸易机会，推动在贸易合作中选用人民币进行计价结算，依托金融发展的机遇，进一步优化金融环境。

第二，利用我国在储蓄率和基础建设方面的优势和经验，用人民币支付带有援助性质的政府援助、政策性贷款等款项，积极引导鼓励人民币的使用，助力人民币在亚洲地区的基础设施建设及融资中占据优势领先地位。

第三，乌鲁木齐周边工业园区在贸易合作、产业聚集等方面占据很大优势，乌鲁木齐应充分利用这一有利条件，促使园区的规划和建设当中有更多人民币资金的参与。

第四，乌鲁木齐应依托跨境商务电子平台的优势，大力扶持人民币计价的电子商务和跨境支付业务。

7.2.2 "双核式"金融中心的资源流通

西北五省在"丝绸之路经济带"中占据着显著的优势地位，但其也存在一个明显的制约限制性因素——地域范围狭长。地域狭长意味着西北五省之间需要借助其他中间省份才能达成连接，例如，西安需要借助甘肃、青海才能跟乌鲁木齐达成连接。从经济发展潜力、人力资源等多个方面综合研究分析，西安和乌鲁木齐都占据着独特的优势条件，"双核式"的金融中心有助于实现两个金融中心之间资源连通。

西安不仅在西北五省中占据不可撼动的龙头地位，也在 GDP 总量、金融资源、金融基础等方面占据着难以在短时间内赶超的优势地位。西安若能将这些资源向西输送至乌鲁木齐，能极大程度地加快当地经济与金融建设等方面的进程。西安同时也能利用乌鲁木齐在边境贸易及金融合作领域的优势资源，深化与外资的合作交流。

作为西北五省金融集聚水平靠前的城市——乌鲁木齐，不仅在发展势头和发展潜力方面具有明显的优势，还在地理区位方面占据得天独厚的优势。把面向中亚地区的人民离岸中心建立在乌鲁木齐符合当前情况及未来长远发展的最优选择。人民币跨境结算试点为新疆与中亚之间的金融合作以及实体经济发展带来了新的发展方向。乌鲁木齐是连接丝绸之路中国地区和国外区域的重要节点，其发挥着愈加重要的金融地理优势，积极推动人民币跨国境的流通与结算。从新疆目前的发展情况来看，其吸收消化外资合作资源的能力有限，难以吸收消化所有的合作资源。乌鲁木齐若能将难以吸收消化的合作资源向东引至西安，必将为西安创造出新的发展机遇。

7.2.3 "双核式"金融中心的优势互补

西安在经济总量上占有优势，自然在金融机构的数量及质量方面占据优势地位，中国人民银行在西北五省的分行、银保监会、证监会的省级分支机构、上市的信托公司——陕国投、永安保险及西部证券的总部公司。在商业银行和政策性银行设立的分支机构和营业网点的数量方面，西安也高于西北其他 29 个城市。

西汉、西魏、北周、隋、唐等十三朝故都及拥有着众多高等学府的西安，自然在金融人才的数量及质量方面占据明显的优势。西安相对比于其他西北城市而言，拥有更加雄厚的科技力量及完整的现代科技体系。西安的综合科学技术力量和人才库数量位居全国前列。西安拥有众多高校，不仅学科齐全，在金融和电子技术等高新技术领域有很强的整合性优势。

想要将西安建设成为一个基础坚实并能够继续保持和发展其在金融发展等方面优势的内渗型金融中心，需要从以下几个方面着手做起：大力吸引扶持金融机构将其总部机构设立在西安，在最大程度上发挥总部的经济优势作用，重点吸引国家级及省级的优质金融机构和监管机构进驻西安，使聚集金融机构总部的产业集群效应得到最大程度的发挥；西安应借助新区建设的机遇，在构建金融服务后端的过程中，将引进的重点放在数据中心、资金结算中心等金融服务后台；西安应充分利用统筹城乡发展相关的政策优势，将新型农村金融机构和小额信贷公司的试点范围进一步扩大，推动农村金融的健康稳定发展，同时西安应致力于将金融业建成当地的支柱性产业，提升作为金融中心的辐射能力。

针对当前国内外的经济形式而言，乌鲁木齐应统筹规划资源、扬长避短，把当前建设的重心放在改革示范基地和国家创新型城市上，用科学技术来带动经济的增长。乌鲁木齐同时也应借助其在地理位置的区位优势，发挥桥头堡的优势作用，力争创造一条畅通无阻的经济道路。一方面，乌鲁木齐应推动金融与农业、能源产业之间的互利共赢。农业、能源产业的转型及发展需要借助来自金融产业的资金支持。另一方面，农业、能源产业的发展能够带动金融产业的发展。例如，乌鲁木齐能够凭借充足的能源储备及生产量，逐步建立一个能够辐射全国范围的能源交易平台。这个交易平台能将能源从生产到交易的全过程与资金结算衔接起来，在金融产业和实体经济产业之间构建起一座坚固的桥梁，引导乌鲁木齐整体经济的健康发展。另外，乌鲁木齐应利用其地理区位的优势，加强与中亚金融机构之间的合作，将辐射范围扩大至中亚五国。

在人民币跨境结算业务迅速发展扩大的背景下，新疆也应不断加快与境外金融机构合作的步伐，与中亚国家的金融机构之间开展更加深入的合作交流。借助"丝绸之路经济带"的政策优势和石油、天然气等资源的优势，新疆应考虑与中亚五国共同出资建立起一个能够辐射至中亚地区的能源交易所。同时新疆应适当放宽符合资本条件的民营企业和带有外资性质金融机构进入金融服务行业的政策门槛。

在确保不影响国内经济金融环境及当地社会环境稳定这一大前提下，乌鲁木齐应加快深化金融市场的进程及进一步扩大资本项目的开放程度，核心目标是将自身建设为高效、强大的金融合作的枢纽城市。作为"双核式"金融中心的乌鲁木齐应不断强化其在"丝绸之路经济带"发展建设中重要的战略地位，加强与经济带沿线国家在金融方面的沟通与协作，推动"丝绸之路经济带"的发展。

西安和乌鲁木齐这两个金融中心合理分工、资源连通、优势互补，发挥1+1＞2的优势效应，带动"丝绸之路经济带"整个经济区域的金融发展和经济繁荣。

7.3 "点—轴式"中观金融增长极建设

西北五省具有人口众多、地域广阔、经济欠发达等特点。从中观角度来看，要用两座城市带动西北五省金融、经济发展是远远不够的，这就需要金融增长极对"核心"的协助作用，与此同时增长极城市也要积极承接"核心"城市的金融集聚资源和扩散其辐射能力，加强各个金融增长极与核心城市的互动与支持，实现金融资源的渗透性。具体原理如图 7-2 所示。

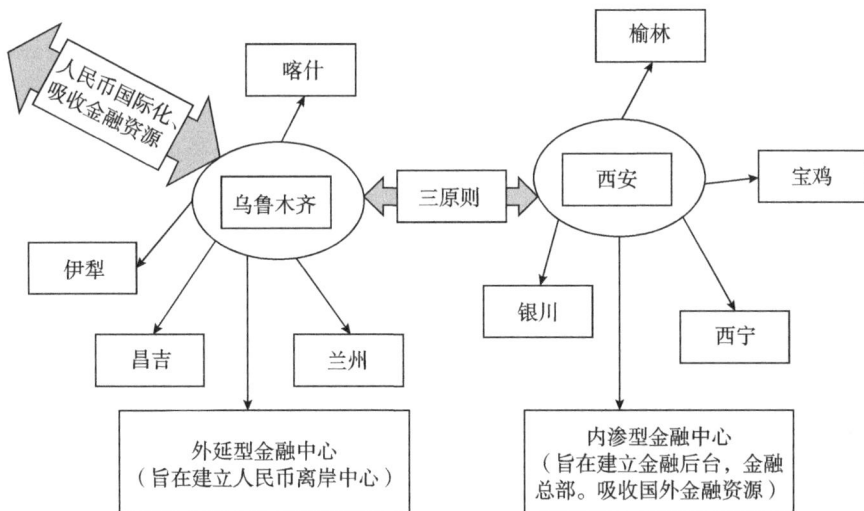

图 7-2 "点轴式"金融增长极构建原理

从第 5 章有关金融集聚水平的实证结论可知，在西北五省中共有 9 个城市的金融集聚水平可以产生一定的金融扩散效应，但是西北地区的 9 个金融增长极的分布不均值得注意。因此要想使西北地区金融产业繁荣发展，我们必须努力增强各金融增长极之间的联系，使金融资源可以在西北五省得到合理的配置，从而充分发挥金融增长极的扩散效应，与此同时我们应当在连接各金融增长极的同时培养预备金融增长极（即金融支点），大力培养发展金融支点，为更多的金融增长极做预备，也可以在一定程度上促进金融产业的发展,这两条途径是发展繁荣西北地区的金融产业需要考虑的重要因素。

从第 5 章的实证结果中明显看出,9 个金融增长极中 5 个均分布在陕西,其余四个增长极分别在新疆、甘肃、青海和西宁各分布一个,西北五省中的 5 个地区都有各自的金融增长极。从 9 个金融增长极所居省份来看,新疆和甘肃的金融增长极数量相比陕西来说数量较少,特别是新疆仅有集聚半径和辐射能力均居第二的金融增长极——乌鲁木齐,而新疆又拥有与周边国家交流经济的绝佳地理优势,是西北五省发展趋势有较强潜力的省份,作为占中国国土面积 1/6 的新疆,如此辽阔的新疆仅有一个金融增长极,可以明显看出新疆金融增长极的数量明显不与面积呈正相关,金融增长极的分布不均匀在一定程度上限制了新疆金融产业和其经济的进一步发展,与此同时,甘肃金融增长极的数量缺失阻碍了其经济的快速发展,尽管金融增长极可以发挥一定的金融扩散效应,但是由于该地区金融增长极数量有限,因此其应当发展一些虽然现在仅可以满足自身金融需求但未来却有较大可能发展成金融增长极的金融支点来进行大力培养和发展。例如,甘肃的张掖、嘉峪关、白银、天水和平凉等城市。由于新疆南北疆的金融增长极和金融支点分布不均匀,为了促进新疆经济均衡快速发展,因此在其他市县中选择地理位置优越的昌吉、克拉玛依和伊宁等城市作为金融增长极的预备军——金融支点来大力发展。这些预计作为金融增长极预备军——金融支点来培养的城市,都有其自身的优势和独特特点,且具有一定的相同点。因此当地省政府可以根据这些城市的自身优势和劣势来开展一些培养方案。

7.4 "棋布式"微观金融支点建设

从微观的角度来看,金融支点不仅是金融业发展的基层,其发展关系民生建设，金融支点一般位于发展较为缓慢的城市，这些城市的金融发展仅能满足自身经济建设的需求，难以实现与其他城市的金融交流，金融支点如果要提高金融业的数量和效率，还需培养其集聚和扩散能力，加强与周边城市的联系和互动，实现其成长和集中的功能。此外，支点应特别注意与类似的金融增长极的相互作用和联系，因为这不仅有利于自身能力的建设，而且逐步形成西北五省的金融辐射力网络，从而逐步推动整个"丝绸之路经济带"在西北五省的发展。

就具体情况而言，西北五省目前形成的金融支点为延安、昌吉、克拉玛依、西宁、伊宁、喀什、酒泉、商洛、汉中、石嘴山、白银、天水、库尔勒、塔城、阿克苏、庆阳、安康，其中，因经济形势发展选择喀什等城市作为金融增长极进行培养，这些城市要因时而变、因势而变，根据自身提点选择发展定位，例如，伊宁附近有口岸，可发展口岸金融，开展电子商务以及物流结算业务，而喀什作为新的开发区，积极响应国家号召、充分利用优惠资源发展金融普惠制，将金融资源逐步向南疆扩散，根据南疆农业为主的特点，积极发展农业金融，在农业保险和小微融资方面多下功夫，以此带动南疆的经济发展。克拉玛依可根据自身丰富的油气资源开展能源金融，实现能源与金融之间的良性转化、良性循环，但发展能源毕竟不是长久之计，可向能源衍生行业、新能源等领域发展。与此同时，部分未能入选的县市、村镇也要利用上游资源积极发展金融业，实现金融资源的充分利用，最终以点带面，实现金融的全面覆盖和可持续流通。

第8章 建设"双核式"区域性金融中心的保障性措施

8.1 将西安建为中国西北段金融中心建设的保障性措施

8.1.1 加强政府引导作用，努力建设金融服务中心

加强政府的规划作用，将整个西安建设成为一个金融中心。吸取向东南亚地区和东亚地区发达城市，例如，新加坡、东京等城市政府的先进经验规划经验，因地制宜地进行规划，将政府的规划职能尽可能多地发挥，此外想要吸引更多的国内甚至世界先进的金融机构的入驻，政府要给予政策上的优惠，以更好的政策、更加优惠的条件、更加便利的条件将国内外的金融机构留在西安。这样才能使国内外更好、更优质的金融资源向西安集聚，从而可以向着最终目标前进，即以建设"丝绸之路经济带"的核心金融区为战略总目标。

西安应紧紧抓住被国务院获批的《关中—天水经济区发展规划》，这相当于给西安这个经济区核心城市一个无尽空间的"礼包"。这个"礼包"的内容有建设科技特区、区域金融中心、保税区等，这些促使西安成为"国际化大都市"。与此同时，一份由国务院发展研究中心金融所共同初始调研、协同制定、目的是为了将西安打造成金融中心的方案，上报陕西省政

府。该方案的核心是在未来的十年,将西安浐灞金融商务区努力打造成为一个多层次、宽领域的金融服务中心,并以此为基点服务整个陕西省的金融机构。这样可以达成金融集聚效应,让各个金融机构功能互补,并且以此辐射整个西安地区。

8.1.2　营造良好的金融秩序,促进金融要素自由流动

8.1.2.1　政府应加大对金融机构制度创新的扶持力度

为了更好地发挥西安在集聚区域内的优势,加快商业银行在陕西的整体优化进程,政府应该着眼于调整商业银行在陕西省的布局结构,鼓励推动商业银行在西安等经济发展潜力较大的城市设立分行;陕西省级政府直接统一管理整合全省范围内的农村信用社,促使农村合作金融得到进一步的发展;鼓励更多的经济主体参与到资本市场中,鼓励组建地方性证券及期货公司;对本地的优良金融资源进行重整,在陕西省内部成立金融控股公司,推动银行、证券、保险三大金融行业的相互协作;进一步放宽金融领域开放程度,吸引社会资本流入到金融机构的重新组合构建之中。

8.1.2.2　提升陕西省金融机构整体实力

金融中心对金融机构的数量以及质量都有较高的要求。目前陕西省的金融机构主要以中小型为主,面对这种情况政府必须要把提升陕西省金融机构整体实力的任务摆在重要位置,鼓励发展中小型投资银行。

第一,政府应通过制定一系列相关配套政策法规,给西安引进国内外高端的金融人才和投资银行提供坚实的支持后盾。政府不要把引进投资银行的眼光仅局限在欧美等发达国家,也要把目光同时投向吸引中亚国家的投资银行。

第二,陕西地方性的投资银行应通过重组和兼并等手段,提升自身的市场竞争力和综合实力。通过重组兼并等手段建立起新的地方性投资性银行,既有利于节省投资银行在当地的新建成本,同时又不会引起现有金融市场参与者不必要的惶恐不安,利于当地金融市场的稳定健康发展。陕西发展建立起专业的投资银行,有助于维护本省企业的正常发展,同时也有

益于完善本省的金融市场，促进西安这一区域金融中心的发展。

8.1.3 加强基础信息建设，营造金融发展创新环境

8.1.3.1 银行方面

西安银行业在科技支撑和模块化管理方面欠缺，以及公共管理环境的一系列问题，导致金融产品创新目标模糊，这些问题都在一定程度上制约西安金融集聚能力的发展。

有以下几个方面需要加强：二次创新已有金融产品和工具有效组合。为了所有信息得以在第一时间掌握，应该对此进行实时监测。为了预防过早衰败，延长产品成熟期，不断加强对其维护，所以要建立对应防控机制，把握好生命周期，保证金融产品的长远发展。另外，还应研发信息支持系统，根据市场调研结果以及产品自身的特性，建立定价模型来满足银行产品的多样化需求。

8.1.3.2 保险业方面

第一，保险产品的创新应当根据需求程度，如那些需要服务地区经济社会发展的区域，提供创新支持。在此过程中，应实时把控市场变化，对市场信息进行调研，将市场进行适当划分，通过调研多样化的市场需求，推出与此相适应的保险产品。与此同时，根据西安及其周边地区的真实情况，对农业保险产品工具、矿权交易保险产品工具等进行研发。

第二，保险业可以与多个领域建立合作关系，创新保险产品，实现个种领域的百花齐放。由于现在金融市场发展迅速，保险业应进一步加强与多个领域之间的联系，如银行业、证券业等其他领域。保险公司应看好市场发展前景，利用国外的先进经验，增强保险业的创新能力。

8.1.3.3 证券业方面

西安有关机构应该加强自己的业务能力，增加客户的种类和数量，在此基础上，西安应该采取措施来提升自身优势，可以通过提升服务能力和管理能力，得以对市场造成极大的积极影响，以此来促进西安的证券业实力。除此之外，积极引入其他相关营业机构，建立竞争自由、透明公开的

竞争机制,提高证券类机构入驻标准,筛选服务质量好,发展前景优越的证券机构入驻。为提升西安证券业的实力,要保持各个地区的发展平衡,采取鼓励政策来拓宽证券机构的经营范围。通过学习发达地区证券类机构的先进经验和经营方式,以此来提高自己的实力,进一步提升西安整个证券业的水平。除此之外,为提升证券市场主体的实力,政府可以引进专业素养高、经验丰富的人才,为成熟的、具有上市潜质的大型公司提供专业化咨询服务,取其精华去其糟粕,摒弃企业落后观念,汲取先进经验,支持企业实现 IPO 上市,可以保证资本资源的合理配置,推动西安证券业水平更上一层楼。

8.1.4 加大人才引进力度,打造一流人才培养环境

金融人才实力的竞争,在很大程度上能够影响金融行业间的竞争。因此,提高全省金融业竞争力的关键在于,要培养一批高素质的金融人才。而将西安打造成全国西北段金融中心、推动金融行业的发展,则需要大量优秀金融人才的共同努力。目前,西安人才引进政策为"本科(含)以上学历人员落户不受年龄限制,全国在校大学生均可落户"。然而,高端金融人才仍较为缺乏,且对本地金融人才培养周期较长、投入较高;培养期结束,由于实践经验的匮乏,难以迅速投入到工作和研究当中,金融人才现状不容乐观。依靠优惠的人才政策引入外地金融人才,短期来看,只能解决当下人才匮乏的问题;从长远发展来看,不仅不具有稳定性,还存在局限性。因此,西安市政府在落实人才引进政策的同时,也应当加强金融人才的自主培养。

金融业是知识密集型的行业。一个金融机构的发展和未来,也在一定程度上受人才专业素、道德素质高低的影响。因此,政府应当创造良好的环境,引进高端金融人才。首先,应当贯彻落实"以人为本"的人才发展战略,发扬"尊重劳动、尊重知识、尊重人才"的理念。与此同时,也不应忽视自主培养学习环境的重要性。西安市政府可以通过设立培养基地、鼓励金融机构建立企业博士后流动站及研究院、聘请国内外行业优秀专家学者及企业家宣讲、加强人才间国际交流与合作等方式,打造高效的学习

环境。其次，要为高端金融人才创设超一流的工作、生活环境，为其制定可持续发展的职业规划、提供较其他地区竞争力强的薪资水平，必要时建立专项资金对其进行补助。最后，与周边地区建立人才合作培养、交流关系也至关重要。这不仅体现在因日常经济发展需要而产生的人才交流，还体现在各高校、科研组织间的学术交流。西安应主动创造交流机会，在做好与周边地区良好交流的基础上，将交流范围拓展至中亚地区，以实现将西安建设成我国西北段金融中心的目标。

8.1.5 加快基础设施建设，为金融集聚创造先决条件

首先，完善交通基础设施。金融业的发展需要便捷的交通基础设施作为硬件支持。通过建立高效便捷快捷的通信、交通以及其他基础设施，方便金融业务的开拓，有利于资金的流入和流通，可以对高素质的人力资源产生巨大的吸引力，成为金融行业发展的有力后备力量。西安市各级政府要加大对交通基础设施硬件建设的投入力度，并且注重通信设施的更新升级，让良好的交通基础设施和高效的通信设备成为金融行业发展的有力保障。进一步建立客户与金融机构两者之间的联系。

其次，建设城镇化基础设施。要加快发挥西安金融中心的地区辐射带动作用，不断推进农村地区金融机构的改革创新，通过改革的推进，进一步完善健全农村金融机构运行体制，建立与各城镇的发展现状、管理能力相适应的机制，不断提升其服务于"三农"的能力。西安在建设金融中心的过程中应注重各区域的均衡发展，不能仅注重局部发达地区的快速发展而忽视了西安整体的均衡发展。由于每个区域的具体发展情况不同，在发展进程中也会出现各式各样的问题，因此要充分做好应对各种问题的准备，根据具体问题制定解决方案。对建设改造项目进行合理规划，提高资金的运行使用效率，实现西安各区域之间的平衡发展，进而完善信息基础设施。应充分利用西安信息"枢纽"的优势，高效利用信息，引进先进的技术，加快本地金融信息化基础设施的更新改造，将金融信息产品的研究开发摆在重要位置，让信息化成为带动金融中心快速发展的重要"引擎"。通过日

益高效的信息基础设施,不断提升金融信息传输的速度。加强推进网络电子支付系统的发展,不断提高西安金融业电子化发展的水平。将金融信息系统的安全建设放在重要位置,做好网络金融风险的防范。要增强失信行为的惩戒强度,运用好法律手段,贯彻践行社会信用体系。对于逃债、骗贷等违法行为,要给予严厉打击,维护好金融机构的正当权益和秩序。

最后,保障金融基础设施。西安应充分利用好"一带一路"的建设机遇,通过金融基础服务配套设施的完善,吸引国内外知名的金融机构,逐步在西安金融区建立形成全方位、多层次的体系。政府在金融集聚的过程中发挥着非常重要的作用,从西安地区的实际状况来看,政府应发挥好其影响力和引导作用,充分利用好地区优势,大力推进金融产业链的发展,为金融中心的高效运转做好系统保障。

8.2 将乌鲁木齐建为中国西北段金融中心建设的保障性措施

8.2.1 建立和完善金融业体系,提高政府的支持力度

金融集聚水平的发展与进步对推动整个行业的结构转型与整体经济发展起着至关重要的作用,完善的金融市场体系对金融集聚水平提高起到促进作用,在"一带一路"倡议的大背景下,新疆应当把握机遇,推进金融体系更加完善和科学,形成金融核心,进一步增强金融集聚的实力,因为丰富的金融集聚资源有利于产业结构转型,加大金融核心的辐射力度,可以更加科学高效地利用金融集聚的效应带来的优势。首先,做好新疆整体的金融发展设计规划,更多将外资的基金、证券银行引入新疆,建立多元化包括同行拆借等内容的金融体系,从物质条件保证金融业从业者的人数与成长,这样才能不断提高从业者的能力水平,不断提高新疆地区的金融体系运行效率,同时兼顾新疆的金融体系,逐步形成一个多层次、宽领域

的金融体系，扶植产生高效和科学的金融产业链，努力加强金融集聚的程度，达到金融资源整合并且可以让金融要素更加科学的有效配置，最终达到建设以新疆为金融中心的目的。其次，制定的政策与法规要根据新疆的经济发展实际情况，在地理位置上，新疆具有特殊性，争取国家在政策上的倾斜是政府努力的方向，达到更好更多地吸引国内外企业来新疆内地投资的目的，逐渐形成金融企业在新疆集聚的姿态，有利于国内外各生产要素的分配，最终将新疆建设成为区域性的交易中心与金融中心。最后，"一带一路"倡议优势应当被政府重视，尤其是在自然位置如此优越的乌鲁木齐，在时代发展战略意义之下，加强与中亚五国和其他西北四省的金融联动与协助共进，加大对外的开放力度，主动构建起一个自由平等的社会经济贸易交流环境，推动新疆本地企业向外扩展，吸引外商投资走进新疆，加强金融中心对其他周边地区的辐射作用需要借助金融资金的灵活性，这样有助于形成更加良好的金融集聚发展辐射，推动周边地区的金融行业的发展，最终推动新疆经济发展，构建区域金融中心。

8.2.2 加强新疆与中亚国家金融合作，向西开放实现共赢

8.2.2.1 深化中亚边境的金融合作

新疆与中亚边境开展多年的贸易合作为其开展金融合作提供了基础。同时，新疆的地理位置恰好处于"丝绸之路经济带"战略目标的核心地带内。因此新疆及中亚边境地区应作为与中亚边境的金融合作相关政策的落地生根及具体项目开展的集中区域，这样能够更加方便地借鉴边贸领域的合作成功经验，运用于新的合作领域。

霍尔果斯及喀什经济特区应利用国家相关政策的扶持，以良好的贸易合作经验为依托，深化与哈萨克斯坦、吉尔吉斯斯坦、塔吉克斯坦等邻国之间的金融合作；把乌鲁木齐、霍尔果斯、喀什建成向中亚国家提供服务的金融中心，扩大合作区域；国有六大行的新疆分行及地方政策性银行应利用相关政策法规的优势，积极主动与中亚国家的银行建立长期、稳定的合作关系，提升人民币在国际贸易结算中的占比，推动人民币国际化的进程。

8.2.2.2　加强与中亚国家银行、金融机构之间的沟通与协作

借着与中亚国家的银行建立代理行的这股强劲的"东风",国有六大行的新疆分行应主动争取更深层次的合作机会,开设可以直接流通、汇兑、结算的美元双边清算账户,降低交易成本,加快资金流通。同时,国有六大行的新疆分行应与其总行之间进行必要的沟通与协调,争取拿到与中亚国家金融机构合作的授权,允许直接开设代理行账户和人民币清算账户;制定管理境外代理行的相关制度规范,境外代理行可以在规定限额内,向境内银行申请人民币拆借,助力人民币在境外实现计价、结算、流通等功能。

8.2.3　创新金融产品与工具,转变金融服务供给方式

乌鲁木齐作为西北地区重要的金融中心,与全国相比,金融集聚度并不强,而金融创新作为提高金融集聚的最重要手段之一,应该得以重视。在新兴技术的支撑下,乌鲁木齐的金融集聚水平得以提高。

8.2.3.1　加大金融科技创新投入

对互联网、科技金融等要加大资金倾斜,创造良好的资金环境,保证资金充足,金融机构应发挥自己的优势,推动金融与科技的融合发展,并找准时机推动绿色金融、互联网金融、供应链金融产品的开发,为不同的客户开发设计多样化的、符合客户需求的新型金融产品和金融服务。成立科技创新基金,一是通过直接股权投资的方式,支持注册地在乌鲁木齐市的科技企业,重点支持符合战略性新兴产业及高新技术产业的相关企业;二是设立子基金,与符合条件的投资机构等社会机构合作。

8.2.3.2　加强金融机构的产品与服务创新

在乌鲁木齐建立研发金融产品的实验室,力求研究并创新产品。立足于各种各样的客户需求,进而研究出适合他们的产品,另外还有一些客户比较特殊,可以为他们专属定制,为了保证产品的适应性、可行性,可以选择具有代表性的产品进行试点,并依靠市场或者客户的意见对产品进行准确的校正,进一步研发出符合市场需求的高质量产品。促使乌鲁木齐市金融机构不断开发出多样化的金融产品与金融工具,如资产证券化、私人

银行等，既要符合高端客户需求，更要考虑低端企业、居民的需求，对发展过程中遇到的困难要积极提供帮助，并完善保险业的风险保护机制，设计多样化的保险种类并服务群众。

近年来由于互联网金融的高速发展，先进的社会潮流已经远远地把传统模式甩在了脑后。即使银行受到了各种网上支付以及网上存款产生利息等新兴模式的挑战，也应该抓住其中的机遇。鉴于此，银行应该以先进模式为榜样，踊跃进行模式改革和创新，如各种 App 具有的网上银行业务等，增进与腾讯、阿里巴巴等网络电商的合作，使之可以达到互利共赢的状态。综上所述，只有大力支持金融创新并采取各种手段进行扶持，大力创新并且完善进而保证金融集聚有效性，辐射效应才会大大提高。

8.2.4　加强学术交流合作，吸纳培养金融人才

8.2.4.1　利用"丝绸之路经济带"优势

由萌芽于商周的海上丝绸之路和起源于西汉的陆上丝绸之路共同组成的古丝绸之路，不仅是沿线各国开展贸易往来之路，更是当下东西方各国间文化交融、科技交流之路。结合古丝绸之路的历史渊源和当下的经济发展态势，衍生出一个新型经济发展区域——"丝绸之路经济带"。该区域涵盖了西北、西南地区的 9 个省份。新态势下的"丝绸之路经济带"，向东连接着亚太经济圈，向西又同高速经济增长的欧洲接壤，从而成为当今世界发展潜能最大的经济走廊。加强与各国之间的金融合作，成为创建"丝绸之路经济带"的基本保障、动力源泉和关键纽带。因此，"丝绸之路经济带"不止成为国家间、区域协作的一种创新模式，更被赋予了更多新的含义，比如以中国西北部为轴心，向西跨国的经济发展模式。

新疆作为祖国西北边陲面积最大的一个省份，占据亚欧大陆较为中心的区域位置，与哈萨克斯坦、俄罗斯、巴基斯坦等八国毗邻，能够与中亚、南亚、西亚地区各国联络，也能很好地与我国西部各地区开展经济往来；地域辽阔，地广人稀，自然资源、生物能源等都较为丰富、多样。作为新疆的省会城市和政治中心，乌鲁木齐素有"亚心之都"之称。因而，乌鲁

木齐应当充分利用政策和地理优势，增强与"丝绸之路经济带"沿线国家之间的交流与联系，为能够深入探讨合作提供更多可行性；在人文交往、学术讨论方面，应当支持与"丝绸之路经济带"沿线国家、政府、民间组织加强联系和合作，积极召开研讨会、举办交流会等，吸收他国优秀学者的研究成果，并且利用乌鲁木齐在经济带的枢纽优势，引进一批深谙行业发展的国内外高端金融人才。

8.2.4.2　利用国家政策的支持

新疆未来的经济以及金融发展的关键因素是人才。不可否认的是，在现今经济发展态势下，由于东西部之间的发展差异越发显著，新疆各行业人才尤其是高级人才的流失现象较为严重。因此，加强金融人才的集聚，将成为金融集聚发展中的关键一环。针对当下新疆经济发展较为滞后的情况，乌鲁木齐应当充分利用当下对口援疆政策、人才引进计划支持的大好机遇，着眼于人才培养和风险防范，提高金融机构的竞争力；还应当对相关人才进行政策鼓励和措施优惠，如建立特殊类别的援疆补贴制度，为优秀、高质量人才提供购（租）房补贴，在人才就业、买房、落户、工资水平、职称评定等方面给予政策鼓励；还应当通过各种优惠政策，营造良好的发展环境，及时出台推动金融行业发展的具体实施意见，能够在较短的时间内吸引外资、其他省市金融机构来本市发展，从而吸引更多良性经济资源，提高乌鲁木齐金融资源的聚集力。

乌鲁木齐在加大本市人才引进力度的同时，还应当积极落实国家重大人才工程对新疆的重点支持，建立基金、证券等金融中介服务机构培训基地，积极建设实体金融机构网点，完善金融人才培养机制，争取尽快培养出一批能够与国际、时代发展接轨的专业高素质、骨干人才。在金融业人力资本方面，应当鼓励开展东西部地区间的金融学会联席会议，支持高校之间举办金融论坛，从而加强地区间的学术交流和探讨；也可派出本区域内的业务骨干到东部地区各高校进行深造、学习，或邀请东部地区各高校、行业内高素质金融管理人才来本区域讲学，从而提高新疆行业内人才的综合实力。

8.2.5 完善基础设施建设，建立良好的金融生态环境

第一，完善交通基础设施。地理区位的选择可以影响金融集聚所在地，与金融地理因素相配套的是方便快捷的交通运输系统，如果交通运输系统不便捷，地理优势再显著，也很难把这些优势发挥出来，外部的金融资源和好的产业资源也不会在这些区域汇集。铁路以及公路客运量、航空客运量、地铁客运量、货运量都是金融行业发展的重要支持力量。因此，想要发挥地理的区位优势，关键是构造相应的、方便快捷的交通运输系统。在公路交通方面，要建立人车分流的交通体系，使交通高效快捷成为乌鲁木齐区别于其他金融中心更加突出的优势。加快乌鲁木齐交通枢纽的建设，方便资源的跨地区调配。在地铁交通方面，要加强地铁线路的建设，同时配合建设快捷高效的公交系统，方便人才的跨区调配。在航空交通方面，要合理增设航空线路，加强与其他交通枢纽的互联互通，增强资源的共享。同时做好地铁系统、公路系统、公交系统与乌鲁木齐地窝堡机场的交通路线规划，构建方便快捷高效的交通网络。

第二，城镇化基础设施建设。城镇基础设施落后是约束乌鲁木齐发展金融业的重要问题之一。当前，乌鲁木齐的城乡发展差距较大，发展水平参差不齐，因此，要把不断加快城镇化基础设施建设摆在优先的位置，按照金融区域的产业发展需求，高标准严要求制定城镇化基础设施的建设规划。以城镇化基础设施建设作为金融集聚的有力保障，实现地区之间的均衡协调发展。

第三，完善信息基础设施。金融行业是一个高度依赖信息化的行业，想要金融行业快速发展，金融集聚更快形成，离不开专业高效的外部信息支持。在市场信息不完全对称的情况下，信息对于金融行业的发展就显得尤其重要。在金融集聚的情况下众多企业的发展更需要信息的互联互通，因此，为了减少企业获取信息的成本，就需要良好的外部信息环境作为支撑。乌鲁木齐要加强金融中心的信息安全保障，鼓励银行业向各类客户群体开展线上信用评级、线上借贷资金、线上信用授权以及线上支付等业务，

支持与成熟的第三方支付平台如阿里巴巴、腾讯等企业开展金融合作，大力推进电子商务的发展。同时利用电子网络信息技术，建设多功能自动化的办公系统。

第四，加强金融基础设施的完善。金融业发展需要金融配套设施作为基础。充分利用乌鲁木齐的地缘经济贸易、文化交流沟通和西部交通枢纽等优势，积极吸引具有竞争力的金融机构在乌鲁木齐设立总机构或者区域分支机构，并以此带动当地金融机构以及边远乡镇金融服务网点、村镇信用社的发展。与此同时，建立完善良好的金融制度，有效地防范金融中心发展过程中可能发生的金融风险。

参考文献

［1］黄解宇.金融集聚研究综述［J］.工业技术经济，2008（07）：143-146.

［2］黄晓芝."双核互补型"金融中心模式的构建研究［J］.经济体制改革，2014（02）：49-53.

［3］魏东赞，胡江龙，李军.新疆与中亚国家的金融合作研究［J］.金融发展评论，2013（12）：91-101.

［4］高宁.兰新高速铁路区域经济效应分析［J］.交通科技与经济，2017，19（02）：75-80.

［5］马广奇，景马婕.丝绸之路经济带区域性金融中心建设构想［J］.经济纵横，2015（11）：40-43.

［6］陈文新，马婉蓉.丝绸之路经济带与乌鲁木齐区域金融中心建设［J］.西部金融，2016（01）：19-23.

［7］阿布都瓦力·艾百.以新疆为平台推进中国与中亚国家的金融合作研究［J］.新疆社会科学，2015（03）：61-65.

［8］问晓敏.西北五省金融集聚与区域金融中心建设研究［D］.石河子：石河子大学，2016.

［9］都新英.教育对经济增长的贡献率测算——以新疆地区为例［J］.中国统计，2018（01）：64-66.

［10］郭春，王明年.兰新第二双线铁路防风明洞实验段风荷载数值模拟研究［J］.防灾减灾工程学报，2014，34（01）：7-12.

［11］邓慧慧，虞义华，龚铭.空间溢出视角下的财政分权、公共服务与住宅价格［J］.财经研究，2013，39（04）：48-56.

［12］袁静.民营企业走出融资难困境的路径探析［J］.中国市场，2016（37）：177+179.

［13］薛淼，张华.基于ELES模型的四川国内旅游消费结构实证分析［J］.黑龙江生态工程职业学院学报，2019，32（02）：29-31.

［14］薛展鸿，冯艳芬.基于DPSIR模型广东省城市土地集约利用评价［J］.农村经济与科技，2014，25（05）：13-16.

［15］胡晓辉.制度创新辐射范围的空间计量分析［J］.浙江刊，2015（03）：174-178.

［16］胡宜挺，赵朋.兵团工业企业自主创新能力评价及影响因素分析——基于兵团第三次全国经济普查数据［J］.新疆农垦经济，2017（10）：62-70.

［17］王萍.中国地区房地产行业发展效率研究——基于因子分析和DEA模型［J］.浙江理工大学学报，2014，32（12）：465-470.

［18］王文静，侯典冻.金融集聚对产业结构升级影响的实证分析［J］.统计与决策，2019，35（19）：158-162.

［19］王敏晰，李新.西部地区应对"数字鸿沟"的策略分析［J］.经济问题探索，2005（01）：100-102.

［20］王成韦，赵炳新，肖雯雯.新疆对"丝绸之路经济带"中国西北段产业影响力研究［J］.新疆社会科学，2017（03）：54-60+154-155.

［21］狄瑞鸿，王博.兰州建设区域金融中心核心功能区的研究［J］.甘肃金融，2014（05）：44-47.

［22］潘英丽.论金融中心形成的微观基础——金融机构的空间聚集［J］.上海财经大学学报，2003（01）：50-57.

［23］涂梦云，许南.金融集聚视角下中国区域金融发展差异的聚类分析［J］.全国商情（理论研究），2010（20）：10-12.

［24］梁春亚.丝绸之路经济带整区域跨境人民币结算研究［J］.金融发

展评论，2017（04）：64-75.

[25] 柴伟 . 吉林省产业结构与经济增长关系的实证研究 [J] . 税务与经济，2013（05）：101-106.

[26] 林晓，韩增林，郭建科，赵林 . 环渤海地区中心城市金融竞争力评价及辐射研究 [J] . 地域研究与开发，2014，33（06）：7-11.

[27] 林军，王艳春 . 西北五省（区）企业创业环境评价及优化研究——基于 GEM 模型 [J] . 兰州文理学院学报（社会科学版），2018，34（01）：58-64.

[28] 杨明帅，徐梦 . 我国构建国际金融中心的思路探索 [J] . 东方企业文化，2015（19）：299.

[29] 杨宁 . 河南省金融业集聚辐射效应探析 [J] . 黄河水利职业技术学院学报，2016，28（03）：92-95.

[30] 李麟 . 利用互联网金融优势助力打造网上丝绸之路 [J] . 中国银行业，2015（03）：31-34.

[31] 李馨 . 我国技术进步的综合效应测度及影响因素甄别 [J] . 中国集体经济，2015（10）：68-69.

[32] 李豫 . 金融创新与上海金融中心建设 [J] . 上海金融，2001（01）：15-23.

[33] 李延军，史笑迎，李海月 . 京津冀区域金融集聚对经济增长的空间溢出效应研究 [J] . 经济与管理，2018，32（01）：21-26.

[34] 朱凤凯，张凤荣，李灿，焦鹏飞，王静霞 .1993—2008 年中国土地与人口城市化协调度及区域差异 [J] . 地理科学进展，2014，33（05）：647-656.

[35] 方茂扬 . 珠三角金融辐射力的实证分析 [J] . 南方金融，2009（07）：65-68.

[36] 徐勇飞 . 中部六省区域物流竞争力对比分析 [J] . 物流技术，2015，34（12）：168-172.

[37] 张磊，韩梦，陆小倩 . 城镇化下北方省区集中供暖耗煤及节能潜

力分析［J］.中国人口·资源与环境，2015，25（08）：58-68.

［38］张洁.基于耦合协调函数的新型小城镇发展协调程度测算［J］.统计与决策，2018，34（04）：68-72.

［39］蔡强，王啟文.区域金融集聚的形成机制与空间溢出效应［J］.学习与探索，2023（07）：96-107.

［40］谢漾，洪正.金融集聚的地理结构及演进规律：虹吸还是辐射——基于城市群的研究视角［J］.山西财经大学学报，2022，44（11）：28-38.

［41］张沛，吴潇，徐境，孙海军.基于区域协调的西部地区城乡空间整合路径探索［J］.干旱区资源与环境，2012，26（08）：8-14.

［42］张晓莉，杨近娇.丝绸之路经济带沿线区域经济发展能力综合评价——以我国西部10个城市为例［J］.石河子大学学报（哲学社会科学版），2017，31（04）：8-13.

［43］张凤超.金融等别城市运动及其空间运动规律［J］.经济地理，2006（05）：588-592.

［44］张凤超.金融地域运动：研究视角的创新［J］.经济地理，2003（05）：588-592.

［45］张凤超，刘湛."泛珠三角"区域金融合作机制研究［J］.经济纵横，2006（07）：8-11.

［46］庞双双.上海金融中心经济增长与产业结构分析［J］.时代金融，2017（29）：69-72.

［47］庞冬，何秉宇.乌鲁木齐市人口—经济—环境耦合协调发展及障碍度分析［J］.湖北农业科学，2018，57（09）：116-120+136.

［48］安子铮，安子祎.金融辐射力与金融中心层级实证研究［J］.金融发展研究，2008（10）：41-44.

［49］姜淮.我国国际金融中心构建研究［J］.国际经济合作，2009（05）：79-83.

［50］唐礼智，朱建锋，曹路萍.金融竞争力、辐射力与海峡两岸区域

性金融中心构建［J］.福建论坛（人文社会科学版），2014（04）：131-135.

　　［51］卓乘风，邓峰，白洋，艾麦提江·阿布都哈力克.丝绸之路经济带区域创新与区域信息化的耦合协调性分析［J］.科技管理研究，2017，37（04）：192-199.

　　［52］刘文翠，刘文彤.新疆边贸结算货币存在的问题与对策［J］.新疆财经，2010（06）：39-42.

　　［53］刘娟.我国上市商业银行经营绩效研究评价［J］.江苏商论，2019（10）：82-85+89.

　　［54］冯德连，葛文静.国际金融中心成长机制新说：轮式模型［J］.财贸研究，2004（01）：67-73.

　　［55］冉光和.金融产业资本论［M］.北京：科学出版社，2007.

　　［56］关旭.辽宁装备制造业产业集群创新能力研究［D］.沈阳：辽宁大学，2015.

　　［57］于斌斌.金融集聚促进了产业结构升级吗：空间溢出的视角——基于中国城市动态空间面板模型的分析［J］.国际金融研究，2017（02）：12-23.

　　［58］王韧，段义诚，刘柳巧.金融要素集聚的绿色创新效应：空间关联特征与城市群异质性［J］.统计与决策，2024，39（01）：58-73.

　　［59］马天禄.遵循客观规律推进西部金融中心建设［J］.中国金融，2023（11）：28-30.

　　［60］徐悦，张桥云.区域金融中心建设与金融资源空间格局优化——省域单中心与多中心的比较［J］.西部论坛，2023，33（02）：79-95.

　　［61］David R.Meyer.Shenzhen in China's Financial Center Networks［J］.Growth and Change, 2016, 47（04）: 572-595.

　　［62］Dufey G.Giddy.Financial Centers and External Financial Markets［J］.Appendix of the International Money Market, 1978（02）: 35-47.

　　［63］Engelen E.Amsterdamned.The Uncertain Future of a Financial Center［J］.Environment and Planning A, 2007（06）: 136-142.

[64] Gehrig.Cities and the Geography of Financial Centers [M]. Cambridge: Cambridge University Press, 2008.

[65] Hirschman.The Strategy of Economic Development [M].New Haven: Yale University Press, 1958.

[66] Hotelling H. Analysis of a Complex of Statistical Variables into Principal Components [J]. Journal of Educational Psychology, 1933 (24): 417–441+498–520.

[67] Ibrahim Ethem Sancak.Ankara–Istanbul Paradox of the Istanbul Financial Center [J].Procedia Economics and Finance, 2016 (38): 185–194.

[68] Kindleberger. The Formation of Financial Centers [M]. Oxford: Oxford University Press, 1973.

[69] McGahey Richard.What Makes a Financial Center? Financial Centers: Public Policy and the Competition for Markets [J].Financial and City, 1990 (02): 120–130.

[70] Mydra.Economic Theory and Underdevelopment Region [M]. New York: Gerald Duckworth Press, 1957.

[71] Park.The Economics of Off–shore Financial Centers [J].Columbia Journal of World Business, 1982 (17): 31–35.

[72] Patrick.Financial Development and Economic Growth in Underdeveloped Countries, Economic Development Cultural Change [J] Finance and Economic, 1966 (14): 174–189.

[73] Reed H. C. The Preeminence of International Finance Center [M]. New York: Praeger Firms, and Jobs, 1981.

[74] Schumpeter, Joseph.The Theory of Economics Development [M] Oxford: Harvard University Press, 1912.

[75] Paola R., Diego S. Financial Development and Growth in European Regions [J]. Journal of Regional Science, 2021, 62 (02): 389–411.

[76] Bartolomé M., Eduardo S., Javier M., et al. Regional Specialization,

Competitive Pressure, and Cooperation: The Cocktail for Innovation [J] . Energies, 2022, 15 (15): 5346–5346.

[77] E. H. R., Helmut H., Clara S. C., et al. The Impact of Local Financial Development and Corruption Control on Firm Efficiency in Vietnam: Evidence from a Geoadditive Stochastic Frontier Analysis [J] . Journal of Productivity Analysis, 2023, 60 (02): 203–226.

[78] J. T. P., Ben D, Ny-Lon. The Changing Relations between London and New York in Corporate Globalisation [J] . Transactions of the Institute of British Geographers, 2021, 47 (01): 257–270.

[79] Stefano C., Marco F., Daniela V. Financial Support to Innovation: The Role of European Development Financial Institutions [J] . Research Policy, 2022, 51 (10): 189–212.

[80] Magdalena Z., Iwona B., Katarzyna C., et al. Environmental, Social, Governance Risk Versus Cooperation Models between Financial Institutions and Businesses [J] . Sectoral Approach and ESG Risk Analysis, 2023 (02): 196–208.

附 录

科技金融、科技创新与区域经济耦合协调时空特征研究

——以"丝绸之路经济带"9省为例

霍远 朱陆露

摘要： 本文将"丝绸之路经济带"9省科技金融、科技创新和区域经济视为一个相互影响、结构复杂的巨系统，通过构建三系统评价指标体系，利用熵权法、耦合协调度模型，从时空上对2005~2014年系统耦合协调性进行分析评价。结果表明：整体上，各系统均脱离低水平耦合的"重灾区"，但耦合协调的良性机制尚未形成；时序上，巨系统耦合协调程度在波动中缓慢上升；空间上，"丝绸之路经济带"9省呈现三级梯度协调发展格局。根据实证结果提出实现复合巨系统耦合协调发展的建议。

关键词： "丝绸之路经济带"；科技金融；科技创新；区域经济；耦合协调度模型

0 引言

自步入经济新常态阶段以来，中国经济发展方式开始由要素、投资驱动向创新驱动转变。2015年的政府工作报告和"十三五"规划纲要中重点

提出"双创"，这使创新成为国家经济发展的重点和战略点，2017年"双创"在政府工作报告中再次出现，科技创新引爆中国。科技创新作为经济社会发展的第一推动力，强化行业共有科学技术研究、突破产业升级关键核心技术、培育主导创新战略新兴产业，加速了经济社会发展水平的提高。同时，金融业的发展被看作是促进经济发展的软实力，2006年，《国家中长期科学和技术发展规划纲要（2006—2020年）》要求建立多元化、多渠道的科技投入体系后，成都科技支行、浦发硅谷银行的建立，科技部及一行三会在全国范围内设立16个科技金融试点地区，使科技融资体系不断完善，科技金融水平逐步提升，资本融通、资金的使用效率提高，为经济的转型发展奠定了坚实的基础。科技金融、科技创新俨然为"新常态"下区域知识经济稳健发展的"两翼"，如何协调科技金融、科技创新和区域经济三者的关系，是当前学术界和地方政府值得关注的话题。

目前，国内缺少将科技金融、科技创新和区域经济视为一个复合子系统的研究，且对这三者的耦合协调度研究也相对较少。基于此，本文以"丝绸之路经济带"9省（将省、自治区和直辖市一并称为省）为研究对象，建立耦合协调度模型，从时序和空间两个维度全面分析2005~2014年三者的耦合协调程度，为更好地助力"丝绸之路经济带"经济转型发展提供了较好的现实意义。

1 数据来源与研究方法

1.1 数据来源

将科技金融子系统、科技创新子系统与区域经济子系统视为一个复杂的巨系统，放在同一层级研究。基于前人研究成果[1-2]，将科技创新子系统按价值链阶段性地分为研发、成果转化、产业化及技术扩散四个维度进行衡量；将区域经济子系统分为经济规模、经济结构和经济效益三个维度；另外，赵昌文（2009）等[3]认为科技金融一般有三个属性，即财政性、政策性和商业性，考虑到"丝绸之路经济带"9省原始数据的可获得性，选取财政性科技金融这一维度。指标层详细选取27个指标，建立复合系统评价指标体系。数据来源于 2006~2015 年《中国统计年鉴》及 9 省历年统计年鉴、《中国科技统计年鉴》，科技部、国家统计局网站。

采用极差法将指标层全部数值作统一的归一和非负化处理，来消除指标的量纲或测度量级的不同对实证造成的不确定性，步骤如下：

第一步，建立原始数据矩阵 $X = \{x_{ij}\}_{a \times b}$（$x_{ij} \geq 0$，$0 \leq i \leq a$，$0 \leq j \leq b$），其中 a 为带评价对象的个数，即为研究时段年份；b 为评价指标的个数，代表评价指标项目数。

第二步，极差标准化对所选指标进行归一化处理：

$$\begin{cases} x_{ij} = \left(x_{ij} - \beta\right) / \left(\alpha - \beta\right)，x_{ij} \text{ 是正向指标} \\ x_{ij} = \left(\beta - x_{ij}\right) / \left(\alpha - \beta\right)，x_{ij} \text{ 是负向指标} \end{cases} \quad (1)$$

算得评价体系指标层数据矩阵 $X' = \{x'_{ij}\}$。其中，α，β 为指标 x_{ij} 的上下限值，即 $\beta \leq x_{ij} \leq \alpha$，所以 $x'_{ij} \in [0, 1]$。

1.2　研究方法

1.2.1　熵权法

采用熵权法，计算熵权来确定指标的权重，进一步对多指标系统进行评价。步骤如下：

第一步，计算第 i 项指标下第 b 项值的比重 Y_{ij}：

$$Y_{ij} = x'_{ij} / \sum x'_{ij} .$$

第二步，计算第 j 项指标的熵值 e_j：

$$e_j = -k / \sum_{i=1}^{a} Y_{ij} \ln\left(Y_{ij}\right)，\text{ 其中 } k = 1 / \ln(a)$$

第三步，计算第 j 指标的信息熵 d_j：

$$d_j = 1 - e_j$$

第四步，计算第 j 指标的权重 w_j：

$$w_j = d_j / \sum_{i=1}^{b} d_j$$

1.2.2 构建耦合协调模型

1.2.2.1 综合序参量模型

根据各指标的标准化值和权重计算科技金融子系统 U_1、科技创新子系统 U_2 和区域经济子系统 U_3 的综合序参量：

$$U_\varphi = \sum_{j=1}^{b} \lambda_{ij} u_{ij}, \sum_{j=1}^{b} \lambda_{ij} = 1 \tag{2}$$

$U_\varphi \in [0, 1]$，$(\varphi = 1, 2, 3)$，它反映了各子系统内部的指标间有序发展程度。综合序参量的值越靠近 1，子系统对耦合巨系统有序的贡献就越大，子系统的综合发展水平就越好。u_{ij} 为功效系数，表示某个系统内的第 j 指标对该系统的有序发展的贡献大小；λ_{ij} 为权重，表示子系统在有序运行时各序参量的地位。

1.2.2.2 耦合协调度评价模型

耦合度反映系统与系统间在动态运行过程中序参量间互相影响、协同的作用大小，强调了一致性；协调度则描述一种多系统间协调配合的互动上升状态，强调良性循环关系。

基于前人研究，选择离差系数最小化[4]协调度模型，则复合系统耦合度评价公式如下：

$$C = \left\{ \frac{(U_1 \times U_2 \times U_3)}{(U_1 + U_2 + U_3)/2} \right\}^3 \tag{3}$$

式中，C 代表耦合度，$C \in [0, 1]$。当耦合度为 0 时，系统间没有相互影响、协同作用关系；当耦合度值为 1 时，说明系统间将实现良性的共振耦合，即三者达成良性耦合机制。

耦合度会受到计算方法的限制而出现伪评价结果，建立复合系统耦合协调度模型来避免耦合度难辨利弊的结果出现，模型如下：

$$H = \sqrt{C \times T}, T = \delta U_1 + \eta U_2 + \mu U_3 \tag{4}$$

式中，H 为耦合协调度，表示复合系统有序程度的演变趋势，可以更准确地评价复合巨系统协调发展的好坏。T 作为综合调和指数，说明复合巨系统总体的和谐一致程度对协调度的贡献大小。δ，η，μ 为待定系数，要求 $\delta+\eta+\mu=1$，本文认为三子系统在协调发展复合巨系统中贡献量相同，$\delta=\eta=\mu=1/3$。

为了更准确地说明科技金融、科技创新和区域经济的耦合协调发展状态，以廖重斌的研究成果[5]为参考，采用均匀分布区间法量化三者耦合协调等级（见附表1）。

附表1　耦合协调度等级划分标准

评价值（H/C）	耦合阶段（C）	耦合协调类型（H）
0.00~0.09	低水平耦合	极度失调
0.10~0.19		严重失调
0.20~0.29		中度失调
0.30~0.39		轻度失调
0.40~0.49	拮抗阶段	濒临失调
0.50~0.59	磨合阶段	勉强协调
0.60~0.69		初级协调
0.70~0.69		中级协调
0.80~0.69	高水平耦合	良好协调
0.90~0.10		优质协调

2　结果分析

对"丝绸之路经济带"2007年、2010年及2014年三时点上的复合系统耦合度作测算（见附表2），可看出三个子系统间存在交互耦合的作用关系，但区域内协调发展的良性机制还未达成，耦合度大致分三类：①广西、重庆、四川、云南、陕西和甘肃处于各系统间磨合阶段，即各子系统内部要素间由无序到有序，系统间存在较强协同作用，复合巨系统内部三子系统间的发展较协调。②青海处于拮抗状态，三个子系统内部各要素之间表现出较小相互作用，且影响不大，子系统间勉强调和。③宁夏和新疆实现了从拮抗到磨合的跨阶段发展。

附表2 "丝绸之路经济带"复合系统耦合度（C）评价表

省份	2007 年		2010 年		2014 年	
	C1	耦合类型	C2	耦合类型	C3	耦合类型
陕西	0.653	磨合	0.665	磨合	0.511	磨合
甘肃	0.66	磨合	0.645	磨合	0.626	磨合
青海	0.469	拮抗	0.448	拮抗	0.446	拮抗
宁夏	0.425	拮抗	0.420	拮抗	0.555	磨合
新疆	0.427	拮抗	0.442	拮抗	0.549	磨合
广西	0.646	磨合	0.632	磨合	0.628	磨合
重庆	0.65	磨合	0.659	磨合	0.608	磨合
四川	0.633	磨合	0.658	磨合	0.612	磨合
云南	0.619	磨合	0.548	磨合	0.662	磨合

对"丝绸之路经济带"9省复合系统协调度测算可知：2005~2014年间，"丝绸之路经济带"9省各子系统耦合协调度时序上趋上升态势（见附表3），空间上呈阶梯分布：①在绝对数上有相对优势的仍然为川、渝、陕地区，三省已达到中度协调阶段，协调度类型变化分别是初级协调过渡到中级协调、处于初级协调、勉强协调过渡到初级协调。这三省地域上相邻，或成为"丝绸之路经济带"9省中科技金融、科技创新、区域经济的聚集地，这与前文分析一致，在市场规律的作用下，三省间会形成一种竞合关系，逐步实现由"零和博弈"[6]向"加和博弈"的发展，实现三省整体上的高度协调发展。②广西、云南处于基本协调阶段，协调发展类型分别变化为：濒临失调到勉强协调、勉强协调，但两地方面临科技金融发展不稳定、中小高新技术企业存在融资门槛高，信息不对称、区域经济资源配置

效率不高等问题，三个子系统间的协调程度仍然较低。③甘肃、青海、宁夏和新疆现处于过渡阶段，协调类型演变分别为：轻度失调到濒临失调、中度失调到濒临失调、轻度失调、轻度失调到濒临失调，可以看出这四省耦合协调程度整体为区域最低，但已跳出了极度、严重失调的"重灾区"，这些较落后地区现仍以资源型产业、农牧业为主，应该转变经济发展方式，以创新驱动带来科技金融、科技创新和区域经济各子系统内有序发展的契机。

附表 3　"丝绸之路经济带"科技金融、科技创新、区域经济复合系统
耦合协调度（H）演化表

年份 省份	2005	2006	2007	2008	2009	2010	2011	2012	2013	2014
广西	0.442	0.442	0.467	0.463	0.475	0.485	0.476	0.509	0.526	0.563
重庆	0.660	0.660	0.599	0.653	0.619	0.619	0.601	0.569	0.606	0.640
四川	0.636	0.636	0.633	0.622	0.613	0.642	0.645	0.645	0.648	0.738
云南	0.501	0.501	0.473	0.451	0.426	0.445	0.484	0.468	0.483	0.506
陕西	0.553	0.553	0.569	0.574	0.607	0.623	0.605	0.568	0.561	0.643
甘肃	0.366	0.366	0.362	0.386	0.349	0.366	0.365	0.353	0.369	0.408
青海	0.249	0.249	0.289	0.296	0.313	0.254	0.171	0.258	0.245	0.313
宁夏	0.377	0.377	0.387	0.380	0.349	0.366	0.372	0.385	0.379	0.392
新疆	0.371	0.371	0.413	0.391	0.367	0.422	0.427	0.435	0.436	0.459

3　结论与讨论

通过耦合协调模型实证研究发现："丝绸之路经济带"9 省的耦合协调度随时间推移逐级缓慢增长。川陕渝地区耦合协调度仍居前三，且已实现初步协调的较好发展，并表现出良好的集聚态势；广西、云南已达到勉强协调的等级水平；甘肃、青海、宁夏和新疆也已脱离低水平协调状态，逐

步向更高一级的协调过渡。

基于以上结论，要使"丝绸之路经济带"沿线9省协调发展，就要发挥核心区引领效应，加强梯度推移。"丝绸之路经济带"9省中川陕渝复合系统协调发展程度为区域最优，地域上相邻区位优势明显，具备了集聚的条件。"川陕渝核心区"的形成和发展，将吸引更多优质资源汇聚于此，加大政府政策的支持，核心区科技金融、科技创新和经济协调发展将快速进入新的阶段，成为辐射"丝绸之路经济带"9省的中心地带，进一步推动第二、第三梯队复合巨系统的耦合协调发展。作为第二梯队的广西、云南以及第三梯队的甘肃、青海、宁夏、新疆各省在完善基础设施建设的基础上，接纳"川陕渝核心区"先进产品、技术的梯度推移，保持自身相对优势，打破"零和"，形成"竞合"，避免金融、科技资源的恶意竞争。同时，化被动为主动将单向的推移过程逐渐变为双向流动，全面统筹，实现区域内各梯队的"互动、匹配、协同"发展，促进"新常态"下区域经济的全面可持续发展。

参考文献

［1］佟金萍，陈国栋，曹倩.区域科技创新、科技金融与科技贸易的耦合协调研究［J］.金融发展研究，2016（06）：18-23.

［2］周成，冯学钢，唐睿.区域经济—生态环境—旅游产业耦合协调发展分析与预测——以长江经济带沿线各省市为例［J］.经济地理，2016，36（03）：186-193.

［3］赵昌文，陈春发，唐英凯.科技金融：Sci-tech finance［M］.北京：科学出版社，2009.

［4］汤铃，李建平，余乐安，等.基于距离协调度模型的系统协调发展定量评价方法［J］.系统工程理论与实践，2010，30（04）：594-602.

［5］廖重斌.环境与经济协调发展的定量评判及其分类体系——以珠江三角洲城市群为例［J］.热带地理，1999（02）：76-82.

［6］艾瑞卡·S.奥尔森.零和博弈［M］.北京：中国财政经济出版社，2014.

金融发展、技术进步对碳减排的效应研究

——基于省级动态面板数据 GMM 方法

霍远 孙鹏

摘要： 本文采用 1994~2014 年 30 个省域面板数据，利用系统 GMM 模型考察了金融发展、技术进步对碳排放的影响效应。结果显示，在金融发展方面，金融规模对碳排放的影响不明显；而金融效率跟碳排放之间存在负相关关系。在技术进步方面，广义技术水平的发展增加了碳排放量，资本体现式技术、能源利用技术和环境技术水平的发展可以明显降低碳排放；环境技术水平和资本体现式技术对碳减排的影响效应都大于能源利用技术和广义技术水平。同时可以得出金融发展对技术进步的引致性作用对碳减排作用明显。

关键词： 金融发展；技术进步；碳减排；系统 GMM 模型

1 引言

中国作为全球二氧化碳排放量最大的供应国，对承担减排义务具有义不容辞的责任。在 2011 年，《"十二五"控制温室气体排放工作方案》颁布，确定了到 2015 年全国单位 GDP 二氧化碳排放比 2010 年下降 17% 的目标，实际上，2015 年"十二五"规划实现情况为：单位 GDP 二氧化碳排放降低 20%。2012 年，国务院制订了《战略性新兴产业发展规划》，希望通过政府的引导，加快高新技术产业的发展速度，提高资源利用效率，减少二氧化碳排放。在 2015 年，"十三五"规划中，国家提出坚持绿色发展和保护环境，发展环保经济，为全球生态安全做出新的贡献。2016 年，中美签订《巴黎协定》，协定表明，各国将集中解决气候变化产生的威胁，为把全球气温升高控制在 1.5 摄氏度之内而不懈努力；按照协定内容，中国碳排放将在 2030 年左右达到峰值并争取尽早达峰，这使得

中国走创新低碳经济和能源转型之路成为必然。而金融发展在发展低碳经济的过程中起着重要的作用，一方面金融发展会促进经济的增长，而经济增长会进一步增加二氧化碳的排放；另一方面，金融发展可以促进技术进步的发展，进而提高资源利用效率，起到降低二氧化碳排放的作用。因此，对金融发展、技术进步与碳排放的效应研究具有重要的理论意义与实践价值，可为我国发展低碳经济和绿色经济提供理论依据与经验参考。

2 文献综述

金融发展是碳减排的重要影响因素。国内外的研究成果在内容上可以分为两个方面：首先，从使用宏观时间序列数据的整体层面来讲，Zhang（2011）认为金融发展与碳排放之间具有正的相关关系[1]。Jalil 和 Feridun（2011）采用我国 1953~2006 年的数据，对金融发展与二氧化碳排放之间的长期均衡关系运用 ARDL 方法进行分析，得出金融发展对二氧化碳排放具有抑制作用[2]。其次，从基于省级层面面板数据着手，顾洪梅和何彬（2012）对省域金融发展与碳排放之间的关系进行研究，结果显示中国省域金融发展的深化能够降低二氧化碳的排放；金融集中度能否起到促进碳排放的作用主要取决于金融集中度是否能够促进金融发展深度的提高[3]。陈碧琼和张梁梁（2014）从动态空间的角度出发，通过构建面板模型对金融规模和金融效率队碳排放影响力进行了分析，得出碳排放和金融效率存在明显的空间关联，并且金融规模的扩大和金融效率的提高都会促进碳排放量的增加，但是同时也降低了二氧化碳的排放强度[4]。高大伟（2016）利用省级面板数据进行分析发现，金融相关率与碳生产率之间存在不显著的负相关关系，降低我国碳生产率的有效方法是降低金融系统率[5]。

技术进步是中国碳减排的主要动力和核心。早期的学者多是在假定技术进步外生的新古典增长模型框架内研究技术进步对环境的影响。Nordhaus（1977）通过构建气候变化和经济的动态综合模型，研究外生技术进步下经济增长和环境的相互关系[6]。此后，学者在研究技术进步对环境的影响时是建立在内生技术进步增长模型的框架内。Goulder（1999）认为引致技术进步能够降低实际的二氧化碳减排成本[7]。Nordhaus（2002）就引致技术进步与要素替代对碳排放的影响的问题进行探讨，研究发现前者对碳排放的作用要小于后者[8]。Buonanno 等（2003）将技术进步加入 RICE 模型中，发现技术进步可以使减排成本明显减少[9]。Popp（2004）构建了将内生技术进步作为影响因素的 DICE 模型，发现忽略引致技术会造成减排成本被夸大的后果[10]。国内的学者陈诗一（2011）基于工业减排历史进程的视角，对能源强度、能源结构和工业结构对碳排放强度的影响进行分析，研究得出直接的能源强度和间接的结构效应是造成碳排放强度下降的直接决定因素的结论[11]。程云鹤、齐晓安和汪克亮等（2013）就技术进步对节能减排的贡献进行回归分析，研究显示造成大多数省份的科技进步对节能减排的贡献要小于效率变化的贡献的原因是回弹效应和减排成本的存在[12]。罗良文和袁姗姗（2014）为了探究技术进步、工业产业结构和能源结构调整对中国工业碳减排的贡献程度，运用差分模型将碳排放变动的技术效应分解为结构生产技术、混合技术效应、结构环保技术、生产技术效应、环保技术效应等因素，并从整体、不同时间段、不同碳排放组别分别考察各因素的环境影响效应，研究发现生产技术效应、结构效应对工业二氧化碳排放能产生积极的作用；将中低排放行业和高排放行业对比，发现生产技术效应对前者产生的积极效应更加明显，而结构生产技术效应则对工业碳减排产生负影响[13]。

上述文献为本文提供了参考，同时也存在一些不足：第一，有关金融发展与碳排放的研究较多，并对技术进步与碳排放也做了比较深入的探究，而对金融发展、技术进步与碳减排关系的研究较少；第二，现有文献鲜有探究异质性技术对碳减排的影响，仅有罗良文等（2014），但其并未考虑金融发展对碳排放的影响；第三，在探究技术进步对碳减排的影响时，未考虑金融发展对技术进步的引致性作用。鉴于此，采用 1994~2014 年 30 个省域面板数据，利用系统 GMM 模型考察金融发展、技术进步对碳减排的效应研究。本文的创新有以下两个方面：一是从金融发展、技术进步对碳减排效益视角，探讨金融发展和异质性技术进步对碳减排的变化规律，并分别从我国东部、中部、西部三个地区描述其金融发展及技术进步。二是充分考虑动态效应因素，运用系统 GMM 模型，考虑了金融发展对技术进步的引致作用对碳减排的影响，这既符合了变量相互作用的基本事实，也在一定程度上解决了变量的内生性问题，增加了模型的解释性。

3 模型和数据分析

3.1 模型的设定及方法的选择

（1）为了准确考察金融发展、技术进步对碳减排的效应，采用动态面板数据进行估计，即：

$$\ln C_{it} = \alpha_1 \ln C_{it-1} + \alpha_2 \ln FS_{it} + \alpha_3 \ln FE_{it} + \alpha_4 \ln TECH_{it} + \alpha_5 \ln KE_{it} + \alpha_6 \ln IE_{it} + \alpha_7 \ln ET_{it} + \delta_i + \varepsilon_{it} \tag{1}$$

其中，i 表示地区；t 表示年份；α_1、α_2、α_3、α_4、α_5、α_6、α_7 分别表示滞后一期碳排放、金融规模、金融效率、广义技术水平、环境技术水平、能源技术水平、资本体现式技术水平对碳排放的影响参数；δ_i 表示个体效应；ε_{it} 表示随机误差项。

（2）为了进一步考虑金融发展对技术进步的引致性影响，故建立动态面板模型（2）如下：

$$\ln C_{it} = \beta_1 \ln C_{it-1} + \beta_2 \ln FS_{it} + \beta_3 \ln FE_{it} + \beta_4 \ln TECH_{it} + \beta_5 \ln KE_{it} + \beta_6 \ln IE_{it} + \beta_7 \ln ET_{it} + \beta_8 \ln FS_{it} \times \ln TECH_{it} + \beta_9 \ln FS_{it} \times \ln KE_{it} + \beta_{10} \ln FS_{it} \times \ln IE_{it} + \beta_{11} \ln FS_{it} \times \ln ET_{it} + \beta_{12} \ln FE_{it} \times \ln TECH_{it} + \beta_{13} \ln FE_{it} \times \ln KE_{it} + \beta_{14} \ln FE_{it} \times \ln IE_{it} + \beta_{15} \ln FE_{it} \times \ln ET_{it} + \delta_i + \varepsilon_{it} \tag{2}$$

其中，i 表示地区；t 表示年份；β_1、β_2、β_3、β_4、β_5、β_6、β_7 分别表示滞后一期碳排放、金融规模、金融效率、广义技术水平、环境技术水平、能源技术水平、资本体现式技术水平对碳排放的影响参数；β_8、β_9、β_{10}、β_{11}

分别表示金融规模对广义技术水平、环境技术水平、能源技术水平、资本体现式技术水平的引致作用；β_{12}、β_{13}、β_{14}、β_{15} 金融效率分别表示广义技术水平、环境技术水平、能源技术水平、资本体现式技术水平的引致作用；δ_i 表示个体效应；ε_{it} 表示随机误差项。考虑模型（1）和模型（2）可能存在内生性问题，采用标准的 GMM 方法对模型进行估计。

3.2　变量选择

3.2.1　金融发展水平变量指标

金融规模。金融规模化程度通常采用以下几种方法衡量：卢峰等（2004）通过估计的方法获取非国有贷款 /GDP，但是银行没能对私有部门的贷款数据进行详尽的说明，因此采用这一指标数据的连续性和可得性都存在问题，不具有可操作性；李金昌、曾慧（2009）采用各地银行贷款余额 / GDP，但这个指标也有一定的局限性，张军（2006）指出这个指标与实际GDP 水平或 GDP 实际增长率呈负相关。本文采用金融规模（FS）：各省市金融规模（FS）= 金融机构存贷款余额之和 /GDP。

金融效率。指金融部门的投入与产出。而存贷比能够反映金融部门将储蓄转化为投资的能力，关爱萍、李娜（2013）等用存贷比来度量金融效率，其值越大，说明资金的转换率越高。某省域金融效率（FE）= 金融机构贷款余额 / 金融机构存款余额。

3.2.2　技术进步指标

现有文献用来度量技术进步的指标较为常用，有如下三种：第一种投入法，如 R&D；第二种为产出法，如授权专利数量；第三种为无形生产要素产生的影响，即全要素生产率。本文技术水平变量主要参考张文斌和李国平（2015）的《异质性技术进步的碳减排效益研究》一文中 4 个主要指标[14]，包括：

广义技术水平（Tech），用各省市专利申请授权数表示；资本体现式技术水平（KE），用各省市每单位物质资本存量的国内生产总值 = 物质资本存量 / 地区 GDP 表示，其中，物质资本存量采用 Goldsmith 于 1951 年开创的永续盘存法（PIM），现被众多国家广泛采用，即 $K_{it} = I_{it} + K_{it-1}(1 - \alpha_{it})$ 进行测算，t 表示年份；i 表示地区；K 表示资本存量；K_{t-1} 表示第 t-1 年的资本存量；α_{it} 表示 i 地区第 t 年的折旧率；I_{it} 表示 i 地区第 t 年的投资；能源技术水平（IE），用各省市每一单位 GDP 的能源消费量 = 能源消耗量 / 各省市生产总值表示；环境技术水平（ET），用各省市每一单位能耗的碳排放量（ET）= 碳排放量 / 能源消耗总量表示[14]。

3.2.3 碳减排指标

碳减排指标（C）：到现在为止，中国各省市有关直接反映碳排放量的数据还没有公布，因此碳排放数据需要学者自行测算。张文彬和李国平（2015）按照我国《能源统计年鉴》中的 20 种能源的最终消耗量计算各地区的排放量，陈碧琼和张梁梁（2014）在估算各省二氧化碳排放量时选用了液化石油气、原煤、柴油、天然气、洗煤、汽油、焦炭、其他洗煤、煤油 9 种化石燃料来计算，本文采用刘竹等（2011）提出的城市能源消费碳排放核算方法，能源消费碳排放（C）= Σ［排放因子 × 氧化率 × （终端消费量 + 发电与供热消费量 – 非燃烧消耗）］。

3.2.4 相关控制变量

各省产业结构对碳排放产生的影响（IND）：因为碳排放量主要来源于第二产业，所以本文中各省产业结构特征对碳排放产生的影响（ind）= 第二产业增加值 / 各省 GDP。

经济发展对碳排放的影响（RGPC）：考虑到年度数据的可比性，扣除价格因素影响采用不变价格计算的生产总值，以实际人均 GDP（RGPC）来衡量经济发展对碳排放的影响。因此，本文以 1994 年为基期的居民消费者价格指数对人均 GDP 进行折算。

地方政府的环境规制水平（ER）：环境规制水平（ER）= 排污费 / 财政收入，地方的环境规制强度及其变化可以通过采用这样的相对值被准确地反映出来。

人力资本（HC）：人均受教育年限能够从某种程度反映经济活动主体的素质和具备的知识技能。

3.3　数据来源与处理

本文选择 1994~2014 年中国 30 省份、直辖市的面板数据，西藏地区因数据缺失严重而从样本中剔除。各省市 GDP、第二产业增加值、各省市人均 GDP 以及各类价格指数数据来自中国经济与社会发展统计数据库，各省市 9 种主要的化石燃料数据来自《中国能源统计年鉴》（1995~2015），各项贷款余额、各项存款余额来自《中国金融年鉴》（1995~2015）。授权专利数量数据来自《中国科技统计年鉴》和中国国家统计局网站，人均受教育年限则是根据《中国人口统计年鉴》。排污费数据来源于《中国环境年鉴》（1995~2015），财政收入数据来源于《中国财政年鉴》（1995~2015）。在本文以价值量单独出现的数据均用 1994 年不变价作了相应的平减处理。2000~2002 年宁夏回族自治区和 2002 年海南省能源消费数据及碳排放量缺失，本文采用移动平均插值法将其补齐。为保证数据的平稳性和收敛性，对自变量采用自然对数形式。

3.4　指标统计的描述性分析

3.4.1　指标变量的总体概述

各指标的描述性统计如附表 1 所示，碳排放量、专利申请授权数量和人均 GDP 为绝对数额，取值较大，因此导致标准差值大，1994~2014 年专利申请授权数量标准差最大为 29061.35，而其他变量的原始数值大多为相对数额较小。但碳排放量、金融效率、广义技术水平、资本体现式技术和人均 GDP 的最大值与最小值差距明显，最大值与最小值比值也至少在 20 倍以上。

附表 1　指标变量的描述性统计

变量名称	观察个数	均值	最小值	最大值	标准差
碳排放量	630	5757.32	138.98	29315.12	5297.07
存贷款占 GDP	630	2.3494	0.7320	7.3025	0.8995
贷款／存款	630	0.8778	0.0726	5.7564	0.2787

续表

变量名称	观察个数	均值	最小值	最大值	标准差
专利申请授权数量	630	11883.53	43.00	269944.00	29061.35
单位物质资本存量的国内生产总值GDP	630	2.7055	0.6683	16.6311	2.6466
单位能源消费量	630	0.8017	0.5386	2.0803	0.5851
单位能耗	630	0.6528	0.2721	1.3673	0.1669
第二产业比重	630	0.4592	0.1976	0.6150	0.0787
人均GDP	630	16445.86	1796.09	105231.00	18459.51
排污费占地方财政收入比重	630	0.0084	0.0001	0.0589	0.0063
人力资本	630	0.0105	0.0014	0.0486	0.0102

3.4.2 金融发展和技术进步的地区差异性

从附图1可以看出，全国各地区的金融规模都在不断扩大，但增速在1998年和2010年均有明显放缓的趋势，甚至在2002年金融规模逐渐缩小。而且在2008年金融规模有进一步扩大的趋势。从附图2可以看出，东中西部[①]地区的金融效率均在下降并逐渐落于70%~90%，趋于合理，并都有不断缩小的趋势。由附图2可知，在2008年全球金融危机的背景下，东中西部地区金融效率值出现了新低。从附图1和附图2可以看出，金融发展水平在东中西部地区之间存在明显的差异，即东部最高，西部最差，总体上呈现出"东高西低，由东向西递减"的趋势。

---

① 笔者将我国30个省（市、自治区）（不包括港澳台地区和西藏）分为东、中、西部三大地区。其中东部地区包括北京、天津、上海、辽宁、浙江、山东、福建、江苏、河北、海南、广东，共11个省（市、自治区）；中部地区包括湖南、湖北、吉林、河南、黑龙江、江西、安徽、山西，共8个省（自治区）；西部地区有内蒙古、宁夏、贵州、新疆、云南、广西、甘肃、四川、青海、陕西、重庆，共11个省（市、自治区）。由于缺乏西藏数据，故在实际研究中将其剔除。在检验过程中，对原始变量取自然对数以减小异方差，以便观察变量之间的弹性大小。

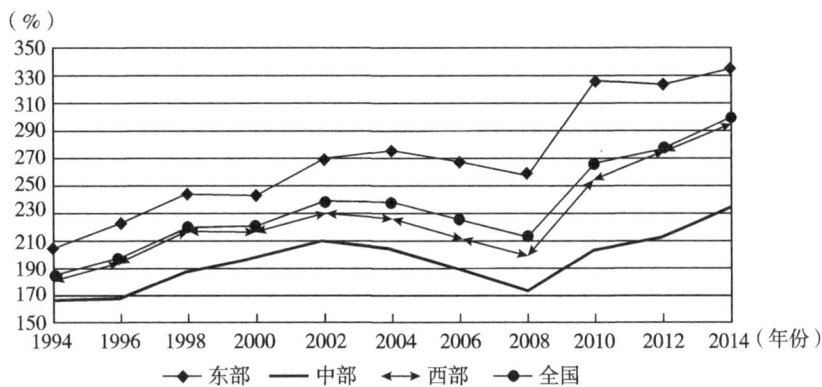

附图 1 金融规模

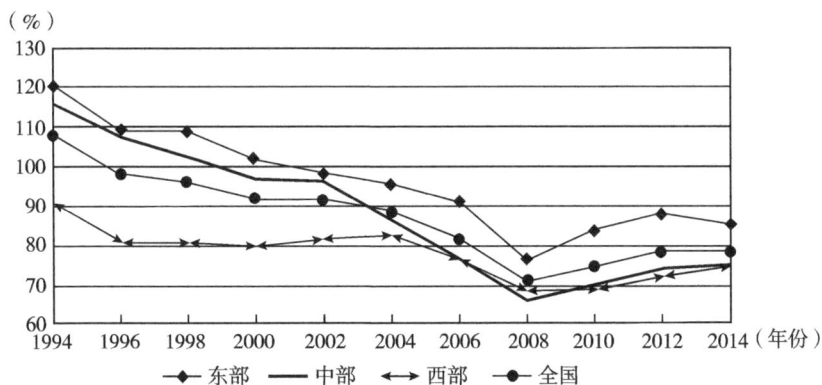

附图 2 金融效率

从附图 3 可以看出，全国各地区的广义技术水平都在不断发展，在 1994~2008 年发展非常缓慢，但是在 2008~2012 年广义技术水平各地区都有爆发式增长，由此东中西部差距也逐步扩大，但在 2012 年以后趋于平缓。从附图 4 可以看出，东中西部资本体现式技术水平增长缓慢，东部地区增长速度快于中西部，并有增速进一步扩大的趋势。从附图 3 和附图 4 同样可以得出全国金融总体发展"东高西低，由东向西递减"的结论。

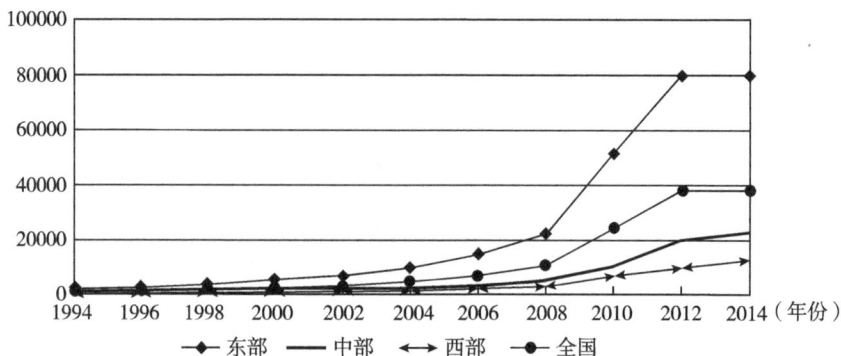

附图 3　广义技术水平

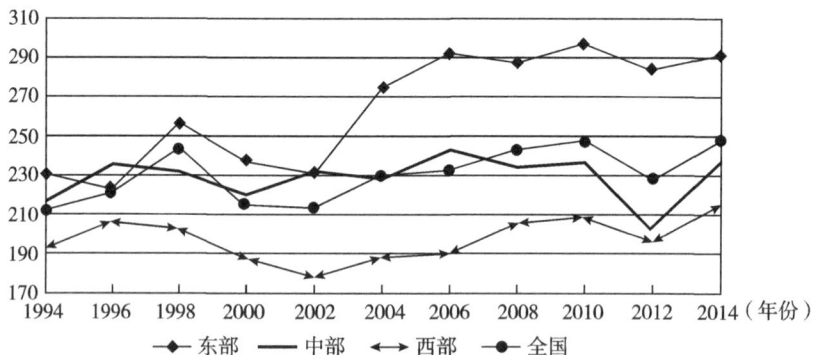

附图 4　资本体现式技术水平

从附图 5 可以看出，东西部地区的单位 GDP 的能源消耗都有显著下降，而全国各地区的能源技术水平却在不断提高，但是我国经济发展方式仍然是以粗放型经济增长为主，能源消耗巨大，减排压力还很大。从附图 5 还可以看出，能源技术水平也还是东强西弱的状况，并且从 1994 年到 2014 年有逐步缩小的趋势。从附图 6 可以看出，单位能源的碳排放量除了中部地区快速增长以外，东西部地区都相对稳定，总体来说东部地区小于西部地区，说明就环境技术水平东部强于西部，西部又好于中部地区，环境技术水平差距也有进一步扩大的趋势。并且环境技术水平也是金融发展和技术进步指标中唯一不满足"东高西低，由东向西递减"的结论的指标。

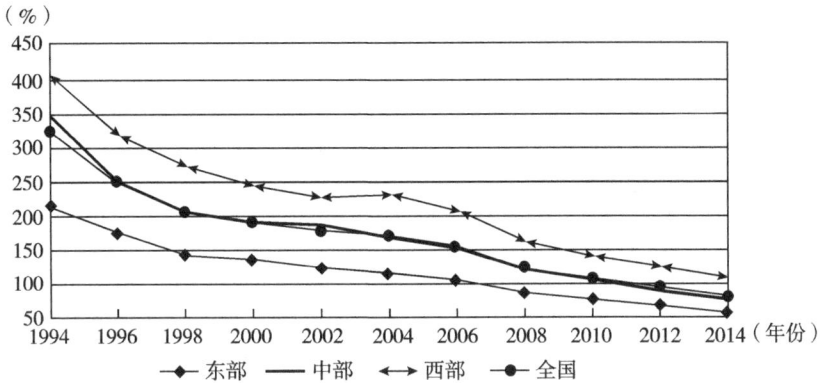

附图5　能源技术水平

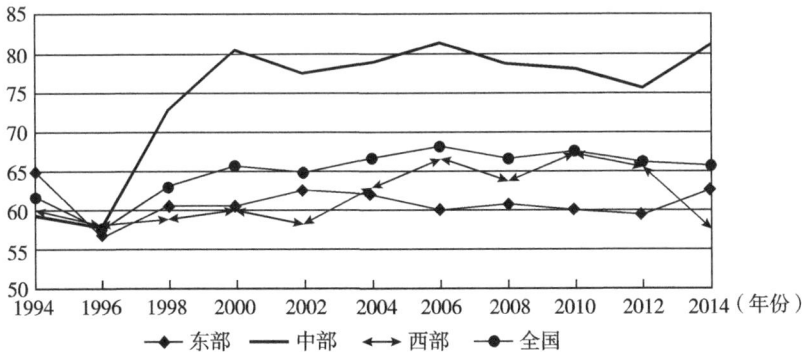

附图6　环境技术水平

4　实证及结果分析

采用动态面板数据可以避免静态面板数据带来的因自变量内生性导致的参数估计偏误和组内估计量的非一致性问题，因为因变量的滞后项被引入到动态面板模型之中，如果直接回归会引起自变量的"内生性"问题，使模型估计出现偏差。本文借鉴 Arellano 和 Bover（1995）、Blundell 和 Bond（1998）提出的 GMM（广义矩估计）来进行模型估计。在上述方法中，控制变量和常数项被用作工具变量，所以估计结果不含控制变量和常数项。

全国数 30 个省动态面板 GMM 估计利用 30 个省的面板数据按模型（1）和模型（2）进行估计，回归结果见附表 2。

附表 2　全国 30 个省动态面板参数估计结果

变量	模型（1）			变量	模型（2）		
	Coefficient	t–Statistic	Prob.		Coefficient	t–Statistic	Prob.
LNC（−1）	0.413	23.724	0.000	LNC（−1）	0.199	8.223	0.002
LNFS	0.056	3.277	0.202	LNFS	0.031	1.413	0.158
LNFE	−0.066	−4.520	0.004	LNFE	−0.064	−0.396	0.002
LNTECH	0.150	6.142	0.002	LNTECH	0.153	7.015	0.011
LNKE	−0.524	−13.632	0.000	LNKE	−0.691	−16.018	0.046
LNIE	0.111	5.490	0.000	LNIE	0.185	6.910	0.000
LNET	−1.000	−35.250	0.000	LNET	1.000	24.560	0.000
J–statistic	31.620	—	—	LNFS*LNTECH	0.084	4.101	0.185
				LNFS*LNKE	−0.026	−1.326	0.036
				LNFS*LNIE	0.018	1.040	0.039
				LNFS*LNET	−0.080	−2.060	0.003
				LNFE*LNTECH	−0.097	−4.186	0.048
				LNFE*LNKE	0.106	4.950	0.043
				LNFE*LNIE	−0.024	−0.935	0.350
				LNFE*LNET	0.201	8.478	0.000
				J–statistic	24.050	24.050	

注：本文采用 Eviews6.0 软件进行实际操作，用一阶差分法对模型进行回归估计。

从附表 2 可知，模型（1）的 J 统计量为 31.421，工具变量的秩为 30，通过 excel 表的函数 CHIDIST（j，ir–v）可以计算 J 统计量的 P 值为 0.113。

其中 j 表示 J 统计量，ir 代表工具变量的秩，v 代表估计参数个数。模型
（1）J 统计量的 P 值大于 0.1，通过了 Sargent 检验，说明模型过度约束正
确，即模型设定无误。

在模型（1）中，α_1 都为正值，这表明从全国来看，碳排放受到自身上
一期水平的影响，且是正向影响。弹性系数 α_1 为 0.413，即上一期碳减排量
每提升 1 个百分点，本期就会提升 0.413 个百分点。其原因可能是，上一期
碳减排发展为本期碳减排提供了诸多有利条件，例如，碳减排设施、减排
技术和碳减排理念等；碳减排发展有持续性，特别是工程建设等项目，这
些因素都会对下一期碳减排产生正向影响。

α_2 的值为 0.202，没有通过显著性检验，说明金融规模对碳排放的影响
不明显；而 α_3 都为负值，这表明从全国来讲，金融效率与碳排放之间存在
负相关关系，说明通过不断提高金融效率会减少碳排放量。金融规模每增
加一个单位，碳排放减少 0.066 个单位。由金融效率的定义可知，在存款额
一定的前提下，金融机构的贷款转化越有效率，企业将会获得更多的资金，
也会将更多的资金提供在技术创新上，从而提高资源利用效率，降低碳排
放量。

α_4 都为正值，说明广义技术水平的发展增加了碳排放量，原因在于我
国早期的粗放型经济增长方式导致技术创新的最重要目的是经济增长，而
非环境保护，这导致了碳排放量稳步增长，与张文彬和李国平（2015）的
研究结果相同[14]。

α_5 都为负值，表明资本体现式技术发展可以明显降低碳排放，资本体
现式技术每提高一个单位，碳排放就会降低 0.524 个单位，其影响强度大于
广义技术水平。资本要素是近几十年我国经济发展的主要引擎，也是碳排
放量高居不下的重要原因。物质资本利用效率的提高虽然带动经济总量增
加，造成碳排放的增多，但同时也在更大程度上降低了单位物质资本的碳
排放量，并且后者的作用效果大于前者。因此，国家应提升物质资本的利
用效率，努力向低碳增长模式的转型。

α_6 都为正值，本文以每一单位 GDP 的能源消费量作为能源利用技术的

替代变量，其值越大，能源利用技术越低，由附表2可知，能源利用技术进步会减少碳排放，这与现有研究学者的绝大多数研究结论一致。因此，国家应出台政策提高能源利用效率向集约化发展方式转变。

α_7 都为负值，本文的环境技术以单位能耗的碳排放表示，其值越大，环境技术越低。环境技术是碳排放最直接的技术因素，从附表2分析结果可知，环境技术每提高1个单位，碳排放也会降低1个单位，环境技术影响效应要远大于其他技术水平。

由附表2可知，模型（2）的J统计量的值为24.050，依据上面的计算方法可得P为0.135，也大于0.1，说明了模型设立是正确的。模型（2）与模型（1）的主要区别在于前者考虑了金融的发展可否通过技术进步来实现碳减排效应。而模型（2）中所得 β_1、β_2、β_3、β_4、β_5、β_6、β_7 结果与模型（1）的参数基本一致，因此，在此就不对 β_1、β_2、β_3、β_4、β_5、β_6、β_7 再做赘述。从全国的回归结果可以看出，金融规模与广义技术水平的交互项系数为正，但没有通过显著性检验，而金融规模对碳排放的回归结果同样没有通过显著性检验。金融规模与环境技术水平、资本体现式技术进步和环境利用技术的交互项系数分别为负正负，也都通过了检验，从全国的数据分析可以看出，金融规模的扩大可以通过技术进步的发展显著作用于碳排放。其原因最可能是金融规模的壮大可以为低碳技术的研发和运用提供充足的资金支持，尤其为企业提供必要的贷款支持，从而促进低碳技术的发展。而参数 β_9、β_{11} 为负值，β_{10}、β_{12} 这也佐证了模型（1）中各大技术进步对碳排放的影响，说明了金融发展在碳排放中的助推作用。

金融效率与广义技术水平、环境技术水平、资本体现式技术进步和环境利用技术的交互项系数分别为负正负正，β_{12}、β_{13}、β_{14}、β_{15} 参数也都通过了检显著性检验，由于金融规模对碳排放的影响是负相关，而对技术进步的4个指标交互项系数也呈负正负正，所以可以得出金融效率的提高也可以通过技术进步的发展显著作用于碳排放，并且通过参数的大小可知金融效率通过技术进步的作用效果大于金融规模。陈守端（2011）指出金融发展可以通过作用于技术进步而影响碳排放主要有两种途径：①充分发挥资本配置功能，为技术进步主体提供充足的资金，促进技术进步，提高能源利用效率，减少二氧化碳排放；②通过促进 FDI 的技术效应的发挥和加速企业人力资本的积累，间接地影响技术进步，从而实现碳减排。

5　结论和政策建议

本文采用 1994~2014 年 30 个省域面板数据，利用系统 GMM 模型考察金融发展、技术进步对碳减排的效应研究。结果显示，环境技术水平是金融发展和技术进步指标中唯一不满足"东高西低，由东向西递减"的指标。在金融发展方面，金融规模对碳排放的影响不明显；而金融效率与碳排放之间存在负相关关系。在技术进步方面，广义技术水平的发展增加了碳排放量，而资本体现式技术、能源利用技术和环境技术水平发展可以明显降低碳排放，而能源利用技术和资本体现式技术对碳减排的影响效应也大于环境技术水平和广义技术水平。通过模型（2）可以得出金融发展对技术进步的引致作用对碳减排作用很明显。

中国工业目前处于转型升级时期，为了发展绿色、集约化经济及低碳经济，虽然采取了经济增速和能源需求量进一步放缓的措施，但减排压力依然严峻。鉴于此，结合研究结论，本文给出如下建议来实现碳减排：

（1）政府要大力扶持和发展低碳经济。

首先，政府要逐步建立规范的碳市场，发挥市场作用将资源进行合理配置，激励企业开发新能源技术和增强环保意识，加快企业与节能减排相关的基础设施的更新，使企业减排成本能够得到合理的内化和有效降低，在此基础上增加产出和利润；其次，要建立统一的碳排放标准政策，健全碳交易体制和监测、监管机制，补充有关金融服务的法规和财政税收政策，加大环境执法力度，促进低碳产业的发展；最后，要着力培养低碳企业自主开展市场的融资能力，为此国家政策要向绿色产业和低碳产业倾斜，尤其要加大对环境友好型企业、能源节约型企业的支持，建立有效的融资平台，以实现低碳产业与资金支持的良性互动，通过金融支持优化我国能源结构和产业结构。

（2）金融机构要加强碳信贷产品的创新。

首先，目前我国碳信贷产品单一，主要集中于对可再生能源开发的信贷，而且在设备减排、有机农业、废热发电等方面少有触及，所以要不断扩大碳信贷的范围；其次，我国要不断开发新的碳信贷产品来实现碳减排的目标，例如，核证减排量、国际碳排放贸易、排污交易许可证等新型信贷产品；最后，银行业务不能仅限于 CDM 以及有限的新能源投资项目，而要对其他相关业务不断尝试，如增加碳融资租赁业务、自愿碳减排（VER）等，通过不断向国际先进银行学习，使我国的碳业务种类逐渐趋于多元化。

（3）技术方面是实现碳减排的主要切入口。

考虑到技术的异质性的特征，应防止政府政策的"一刀切"，更确切地讲，提高物质资本的利用效率和降低单位能耗的碳排放量能够对碳减排产生积极的作用，因此现阶段环境技术水平和资本体现技术水平是碳减排技术研发的两个重要方向，逐步降低化石能源使用量和使用范围，使能源消耗更"清洁化"。全国各区域为了提高碳减排能力，不仅要加强对低碳核心技术的自主研发和应用，以创新驱动推动绿色经济和低碳经济的发展，同时要促进东部地区环境技术水平和资本体现技术水平向中部地区和西部地区辐射，还要注重对国外先进技术的引进、消化和吸收。

参考文献

［1］Zhang Y.J. The Impact of Financial Development on Carbon Emissions: An Empirical Analysis in China［J］.Energy Policy, 2011, 39（04）: 2197–2203.

［2］Jalila, Feridunm. The Impact of Growth, Energy and Financial Development on the Environment in China: A Cointegration Analysis［J］.Energy Economics, 2011, 33（02）: 284–291.

［3］顾洪梅，何彬.中国省域金融发展与碳排放研究［J］.中国人口·资源与环境，2012（08）: 22–27.

［4］陈碧琼，张梁梁.动态空间视角下金融发展对碳排放的影响力分析［J］.软科学，2014（07）: 140–144.

［5］高大伟.国际研发资本、金融发展对碳生产率的影响研究［J］.经济经纬，2016（01）：150-154.

［6］申萌，李凯杰，曲如晓.技术进步、经济增长与二氧化碳排放：理论与经验研究［J］.世界经济，2012（07）：83-100.

［7］Nordhaus W. D. Modeling Induced Innovation in Climate Change Policy［A］// A Crubler, N. Nakicenovic and W. D. Nordhaus（eds.）. Technological Change and the Environment: Resources for the Future Press［Z］. Washington, DC, 2002.

［8］Goulder L. H., Schneider S. H. Induced Technological Change and the Attractiveness of CO_2 Emissions Abatement［J］. Resource and Energy Economics, 1999, 21（3/4）：211-253.

［9］Buonanno P., Carraro C. and Galeotti M. Endogenous Induced Technical Change and the Costs of Kyoto［J］.Resource and Energy Economics, 2003, 25（1）：11-34.

［10］Popp D.ENTICE: Endogenous Technological Change in the DICE Model of Global Warming［J］.Journal of Environmental Economics and Management, 2004（48）：742-768.

［11］陈诗一.中国碳排放强度的波动下降模式及经济解释［J］.世界经济，2011（04）：124-143.

［12］程云鹤，齐晓安，汪克亮，等.技术进步、节能减排与低碳经济发展［J］.山西大学学报，2013（01）：51-60.

［13］罗良文，李珊珊.技术进步、产业结构与中国工业碳排放［J］.科研管理，2014（06）：8-13.

［14］张文彬，李国平.异质性技术进步的碳减排效应分析［J］.科学学与科学技术管理，2015（09）：54-60.

经济政策不确定性与企业创新

——基于企业金融化的中介效应模型检验

霍远　刘炳荣　魏涛

摘要： 基于 Baker 等（2016）测算的经济政策不确定性指数，运用 2007~2017 年中国沪深两市 A 股上市企业数据，分析了经济政策不确定性、企业金融化和企业创新三者间的内在作用机理，实证研究了企业金融化在经济政策不确定性与企业创新两者关系中的中介效应。研究发现：经济政策不确定性能有效促进企业创新，企业金融化在经济政策不确定性对企业创新的促进作用中发挥着显著的中介效应，进一步通过有调节的中介效应模型结果显示，中介效应在不同规模、不同所有权性质以及不同企业成长性的企业间表现出异质性特征。

关键词： 经济政策不确定性；企业创新；企业金融化；中介效应模型

一、引言

科技创新是我国经济高质量发展的动力源泉，也是提升综合国力的重要支撑。党的十九大报告中指出，我国经济高质量发展依然面临着创新能力不强、实体经济水平不高等突出现实问题，强调要坚定不移地实施创新驱动发展战略，逐步建立以企业为主体、市场为导向、产学研深度融合的技术创新体系，构建完善的国家创新体系，强调要进一步深化金融体制改革，不断增强金融服务实体经济能力，有效防范系统性金融风险。党的十九大以来，我国更加注重科技研发投入和创新能力提升。2013~2017 年，我国研究与实验发展经费年均增长 12.1%，增速在世界达到领先水平，2018 年，我国 R&D 支出达到 19657 亿元，投入强度为 2.18%。培育和提升自主创新能力是企业应对不确定经济政策环境的必要选择，也是企业不断增强市场竞争力的制胜法宝。新时代背景下研究微观企业如何"脱虚向实"和提升自主创新能力对我国宏观经济高质量转型发展具有极其重要的意义。

宏观环境如何影响微观企业行为一直是国内外学者重点研究的方向，不确定的经济政策环境下企业的投融资行为及创新活动逐渐成为国内外学者研究的重要领域。近年来关于国家政治变更和经济政策波动如何影响微观企业行为的相关研究陆续增多，相关学者从企业投资（Bloom，2007；张成思和刘贯春，2018）[1-2]、现金持有（王红建等，2014；李凤羽等，2016）[3-4]、企业金融化（彭俞超等，2018）[5]、企业创新（顾夏铭等，2018）[6]等方面探究经济政策不确定性对微观企业行为的影响机理，并取得丰硕成果。自2008年金融危机以来，政府为提振经济不断加强宏观调控力度，频繁地调整货币政策和产业政策，加剧了整体金融市场波动和经济政策不确定性，对企业生产经营和投融资行为产生了重要影响。事实上，经济政策不确定性不仅可以通过影响股价波动对宏观金融市场发展产生作用（Pastor & Veronesi，2012；李力等，2018）[7-8]，也可以通过影响整体市场环境不确定性对微观企业的投融资及创新行为造成影响。21世纪以来，我国企业金融化趋势不断凸显，大量实体企业纷纷进军金融和房地产领域，产生了金融领域"投资潮涌"现象，严重挤占了实体企业投资和创新投入比例，抑制了企业创新（王红建等，2017）[9]。那么，经济政策不确定性增加是否会进一步加剧企业金融化倾向，抑制企业创新？抑或抑制企业金融化趋势，促进企业创新？

基于此，本文主要围绕经济政策的不确定性、企业金融化与企业创新间内在逻辑关系展开理论分析和研究假设，基于企业金融化的中介效应实证检验了经济政策不确定性、企业金融化与企业创新三者间的内在作用机理，并采用有调节的中介效应模型进一步探究了不同企业规模、所有制性质及企业成长性在以企业金融化为中介效应的经济政策不确定性与企业创新两者关系中的调节机制，将研究进一步深入展开。本文可能具有的创新在于：一是基于企业金融化视角，探究了经济政策不确定性、企业金融化与企业创新的内在作用机理，当前文献鲜有从企业金融化视角探究经济政策不确定性与企业创新的内在关联。二是运用有调节的中介效应模型，从不同企业规模、所有制性质和企业成长性层面，探究了其在企业金融化对经济政策不确定性和企业创新两者关系的中介作用中的调节机制，拓展了相关研究。

二、理论分析与研究假设

（一）经济政策不确定性与企业创新

本文主要从两种理论梳理经济政策不确定性与企业创新的内在作用机理。一种是预防性储蓄理论。预防性储蓄理论是指企业家依据未来不可预测的环境而调整自身投资策略，选择减少企业投资增加预防性储蓄比例。外部性不确定性会影响经济主体的经济行为（Keynes，1936）[10]，对企业投融资行为产生重要影响（Bloom，2007）[2]。经济政策不确定性对企业而言是系统性外部风险，影响企业对外部市场经营环境的判断和决策，使企业基于对经济环境的主观判断及预测调整内在的资金配置结构（Baum等，2008）[11]。根据预防性储蓄理论，当企业经营环境面临较大的政策不确定性时，企业为了应对未来可能面临的市场风险，将出于谨慎性原则选择增持现金资产减少企业投资（王红建，2014）[3]。创新活动的资金投入是企业投资中的重要组成部分。经济政策不确定性提高会加大企业系统性风险，同时引发企业信贷配给问题，使得企业面临较大的融资约束，在预防性动机的驱动下，企业会选择减少研发投资、增加现金持有比例以预防系统性外部风险（张倩肖和冯雷，2018）[12]。但创新投资不同于一般的企业投资，其具有投资周期长、风险收益高、未来价值不确定性较大等特征，市场外部竞争和信息不对称情况下企业创新投入及产出具有极大的不确定性。此时，企业管理层（决策者或者企业家）扮演着极其重要的角色，在面临较大的外部环境不确定性时，其确实可能会减少企业总投资，但基于对企业创新投入带来的中长期资本回报和未来企业市场价值考虑，其可能会选择重新调整企业资本结构，提高创新投资比例，促进企业创新。近年来相关研究进一步支持这一观点。Atanassov 等（2015）[13] 从政治不确定性视角出发，采用美国州长选举政治变更事件衡量不确定性，研究发现美国政治不确定性激励了企业层面的研发行为。顾夏铭等（2018）[6] 基于中国上市公司数据，运用 Baker 等（2016）[14] 测算的经济政策不确定性指数进行实证检验，结果发现经济政策不确定性有效地促进了企业创新，且具有激励效应和选择效应，这一结论在经过多种稳健性检验后依然成立。

另一种是实物期权理论。实物期权是指投资机会可以被看成一系列期权，在投资不完全可逆的假设条件下，随着政策环境不确定性增加，企业基于"延迟效应"会选择延缓或推迟企业决策，从而导致总投资和其他微观行为放缓（Bernanke，1983）[15]。作为一项需要连续积累和较长周期投入的投资活动，企业研发投资同样具有不可逆特性，一旦出现研发资金、技术和人才中断投入或终止并转作其他用途状况，将会使企业面临极大的经济损失（Dixit and Pindyck.，1994）[16]。企业创新具有较大的不确定性，经济政策不确定性增加可能会加大对创新投资未来收益的看跌，这主要是基于创新活动的产出以及收益的滞后性会导致不确定性，而且由于知识积累和市场技术条件限制使得企业从研发创新到商业化盈利的时间周期较长（Hall，2002）[17]，基于实物期权理论中"延迟效应"，企业可能优先考虑放缓企业研发投入，不利于企业创新活动（郝威亚等，2016）[18]。但一些学者基于增长期权①视角认为经济政策不确定性可能会促进企业创新。Berk 等（1999）[19] 认为，市场风险增加带来的不确定性通过增长期权效应刺激了潜在盈利的规模，进而使得企业倾向于投资不确定条件下的风险补偿项目，以期获得未来盈利的增长点。由于创新投资具有可以帮助企业抓住创造盈利潜力机会的优质特性，故其可以被看作一系列的增长期权，进而经济政策不确定性提高可能促进企业增加创新投资，有利于企业创新。孟庆斌和师倩（2017）[20] 基于期权定价理论构建连续时间随机最优控制理论模型，探讨了宏观经济政策不确定性对企业研发活动的影响，其结果表明宏观经

---

① 增长期权效应是基于实物期权理论的一种，该理论被用于投资决策、资本预算以及价值评估等。

济政策不确定性增加时，企业为了谋求自我生存与发展会选择增加探索性研究和开发投入，有利于企业创新和成长。

综上，国内外学者对经济政策不确定性是否能促进企业创新仍存在较大争议。基于预防性储蓄理论和实物期权理论，相关学者对经济政策不确定性与企业创新的相关关系持有不同意见。基于以上分析，本文提出假设1a与假设1b。

假设1a：经济政策不确定性有利于企业创新。

假设1b：经济政策不确定性不利于企业创新。

（二）经济政策不确定性与企业金融化

经济政策的频繁调整会导致整个市场不确定性增加，加剧金融市场的波动和风险，通过影响股票市场及股票价格波动，进而影响投资者和企业家决策（Pastor和Veronesi，2012）[7]。Bogaard和Detzel（2015）[21]研究发现，对于经济政策不确定风险暴露越大的股票，其受到的影响将会越大，从个股层面来看，其股价暴跌崩盘的风险也就越大，崔欣等（2018）[22]的实证研究结果进一步支持了Bogaard和Detzel（2015）[21]的观点，即个股经济政策不确定性风险暴露程度与其股价暴跌呈现正相关关系。因此宏观经济政策不确定性可能会通过影响金融市场波动（如股票价格剧烈波动），增加金融市场风险和外部环境风险，进而影响企业管理层的投融资及经营决策行为。当经济政策不确定性和金融市场不稳定性增加时，企业出于投资风险的综合考量，可能会选择减少金融资产持有比例，增加企业现金持有比例并重新调整金融资产结构以应对市场不确定性环境①，也会进一步减少短期投机性金融资产持有、增加长期保值性金融资产持有比例（王红建等，2014）[9]。彭俞超（2018）[5]进一步实证研究发现经济政策不确定性的上升将引起金融市场波动性的增加，并从资金供给和金融资产质量两个方面抑制企业的金融资产的总量配置。

---

① 基于实物期权理论框架，企业管理层（决策者或企业家）选择放弃当期投资则意味着对未来期权的看涨，在经济政策不确定性增加时，企业管理层在制定企业投资决策时会进一步考虑等待更好的投资时机和投资行为，抑制当期投资行为，抑或由于投资的不可逆性，制定更优的投资规划组合。

部分学者则持有不同意见，他们认为经济政策不确定性可能会进一步加剧企业金融化趋势。Ran（2010）[23]从预防性储蓄理论出发，认为企业持有现金是为了保护企业较少地受到外部冲击的影响，由于外部融资成本高昂，融资缺口的冲击可能会使企业放弃其他宝贵的投资机会。为了预防这种情况的发生，企业可能选择多元化投资，持有一部分金融资产来分散外部市场风险。Duchin 等（2015）[24]基于美国工业企业的财务数据研究发现与 Ran（2010）[23]的结论背道而驰，在财务不受约束且对预防性储蓄较低的美国工业企业将资金大量投资于非现金、高风险的金融资产，尤其是一些企业为了减轻可能在更遥远的未来出现的不利冲击，将大量资产配置于长期金融资产。在部分投资不可逆条件下，较高的不确定性降低了需求冲击对投资的影响效果，同时增加了实物期权的价值，使得一些企业热衷于在活跃的金融市场上进行套利以期获得超额利润。（Bloom 等，2014）[25]。当经济政策频繁调整时，企业管理层为了获得管理权和控制权私利更有可能会审时度势投资流动性较强的金融资产和投资性房地产资产，以期低买高卖进行获利（文春晖和任国良，2015）[26]。鉴于以上分析，本文提出假设 2a 与假设 2b。

假设 2a：经济政策不确定性抑制了企业金融化趋势。

假设 2b：经济政策不确定性加剧了企业金融化趋势。

（三）经济政策不确定性、企业金融化与企业创新

经济政策不确定性可能会通过影响企业金融化趋势，进而作用于企业创新。从宏观政策波动与企业风险视角出发，经济政策的频繁调整，会导致宏观市场经济面临较大的不确定性继而传染至金融市场（Pastor 和 Veronesi，2013）[7]，加剧经济政策不确定性和金融市场波动，此时企业管理层既有可能基于"预防性储蓄假说"选择减少投资、增加现金持有比例，也有可能基于外部环境压力和风险意识，更加注重企业创新活动，调整企业资本结构，增加企业研发资金及人员投入进而削弱金融资产投资份额，促进企业创新。从企业竞争视角出发，经济政策不确定性提高则意味着企业面临着更加不确定的市场环境及竞争压力，迫于生存压力和提高企业市

场竞争能力会促使其减少金融资产投资比例，更加专注于创新投入和新产品研发，激发企业的"内在潜力"，同时企业研发创新周期较长、调整成本较高，若在激烈的市场竞争环境下"抽取"创新研发资金转增金融和房地产领域投资则可能会使得企业创新面临资金"瓶颈"①，不利于企业创新。因此，当企业在面临较大的外部环境不确定性和市场竞争压力时，可能会更多地选择减少金融资产投资比例，集中人才、资金及技术设备等资源专注于企业创新活动和新产品市场拓展，以应对不确定的经济市场环境和培育企业中长期竞争优势。

以上分析表明经济政策不确定性提高可能会抑制企业金融化发展趋势，迫使企业加大创新研发资金技术等各类资源投入，促进企业创新。但经济政策不确定性也可能进一步加剧企业金融化趋势，尤其是 2008 年金融危机发生后，我国实体企业投资率不断走低，企业金融化、虚拟化趋势愈加明显（张成思和张步昙，2016）[27]。而金融资产投资带来的风险收益远高于一般实体投资收益率，进一步加剧企业金融化趋势，在经济政策不确定性增加和经济金融化趋势助力下，金融资源错配和实体企业"脱实向虚"问题愈加突出，严重挤占了实体投资和创新投资比例，不利于企业创新。既有文献表明，宏观经济政策不确定性增强会给企业利润和营运能力造成影响，企业为应对经营风险和未来可能的现金流动性短缺将会选择增加一部分金融资产持有（Opler 等，1999；Ran，2010；Duchin 等，2017）[23-24,28]，企业金融化则进一步挤占了企业创新人才和资金投入，不利于企业创新。

基于以上分析，本文提出假设 3a 与假设 3b。

假设 3a：经济政策不确定性可能会通过抑制企业金融化趋势，迫使企业加大创新投入比例，促进企业创新，即企业金融化可能在经济政策不确定性促进企业创新中发挥着中介效应。

---

① 这里我们考虑到企业创新投入的不可逆性及沉默成本，此时放弃或者中断创新活动会导致前期投入的创新项目专项投资资金遭受巨大损失，不利于企业创新产出，因此为保持企业未来中长期的竞争优势，企业管理层的理性选择是减少金融资产投资比例、进一步加大企业研发创新投入力度，降低不确定性环境带来的金融资产投资风险，以期未来创新产出（专利和新产品产出）带来的收益大于不确定性环境下金融资产和房地产投资所带来的收益。

假设 3b：经济政策不确定性可能会进一步加剧企业金融化趋势，挤占企业创新投资比例，不利于企业创新，即企业金融化在经济政策不确定性抑制企业创新中发挥着中介效应。

三、研究设计

（一）研究模型设定

通过梳理相关理论及文献初步分析了经济政策不确定性、企业金融化和企业创新三者间的内在作用机理。为了检验以上研究假设，本文参照温忠麟（2014）[29] 研究方法构建中介模型，模型如下：

$$RD_{i,t} = \alpha_0 + \alpha_1 EPU_t + \alpha_2 X_{i,t} + \varepsilon_{i,t} \tag{1}$$

$$Fin_{i,t} = b_0 + b_1 EPU_t + b X_{i,t} + \varepsilon_{i,t} \tag{2}$$

$$RD_{i,t} = c_0 + c_1 EPU_t + c_2 Fin_{i,t} + c_3 X_{i,t} + \varepsilon_{i,t} \tag{3}$$

其中，i、t 分别代表企业和时间（年）；$RD_{i,t}$ 为被解释变量，表示企业创新，其中包括企业创新投入（RDratio）和企业创新产出（Lnpatent）；EPU_t 为解释变量，表示经济政策不确定性；$Fin_{i,t}$ 为中介变量，表示企业金融化；$X_{i,t}$ 为一系列控制变量集合。

模型（1）是为了验证假设 1a 与假设 1b。若经济政策不确定性指数（EPU）的系数 α_1 显著为正，则表明经济政策不确定性提高可以促进企业创新，即假设 1a 成立，反之则假设 1b 成立。模型（2）是为了验证假设 2a 与假设 2b。若经济政策不确定性的系数（b_1）显著为负，则表明经济政策不确定性提高有效抑制了企业金融化趋势（Fin），即假设 2a 成立，反之则假设 2b 成立。

假设 3a 与假设 3b 的验证原理如下：首先，若模型（1）中 EPU 的系数 α_1 显著，则以中介效应的假设成立，继续进行下一步检验，否则为遮掩效应。其次，依次检验模型（2）中 EPU 的系数 b_1 和模型（3）中 Fin 的系数 c_2，若都显著，则间接效应显著；若至少有 1 个不显著，继续 Bootstrap 检验 b_1、c_2。再次，根据 Bootstrap 检验结果，如果显著认为间接效应显著，反之则不显著。最后，当间接效应显著后，检验模型（3）中 EPU 的系数 c_1，如果检验结果不显著，则认为直接效应不显著只存在中介效应；如果检验结果显著，则根据 $\alpha_1 b_1$ 与 c_1 是否同号进行判别解释，同号认为存在部分中介效应，异号则认为是遮掩效应。

（二）变量定义

1. 被解释变量

被解释变量为企业创新（RDratio、Lnpatent）。本文从创新投入和创新产出两个层面衡量企业创新，其中创新投入采用企业研发投入金额占营业收入比重（RDratio）表示，创新产出借鉴 Fang 等（2014）[30] 做法，采用企业创新专利产出（Lnpatent）表示，即将企业专利申请授权数加1再取对数。

2. 解释变量

解释变量为经济政策不确定性（EPU）。本文采用 Baker 等（2016）[14] 测度的经济政策不确定性指数衡量，该指数近年来被国内外诸多学者广泛应用于微观企业行为研究中（Baker 等，2016；饶品贵等，2017；张成思等，2018）[31][14][1]。本文选取该指数中的中国经济政策不确定指数月度数据，并采用算术平均法将其转化为年度数据。

3. 中介变量

中介变量为企业金融化（Fin）。本文采用各类金融资产加总和与当期期末总资产之比来衡量企业金融化趋势，借鉴宋军和陆旸（2015）[32]、王红建等（2017）[3] 做法，金融资产具体选取交易性金融资产、可供出售金融资产净值、短期投资净额、长期债权投资净额、长期股权投资净额和持有至到期投资净额等，此外，考虑到现代房地产投资呈现虚拟化和独立化的特征，故将其纳入金融资产衡量方式中①，将以上各类金融资产进行加总，除以企业期末总资产表征企业金融化。

4. 控制变量

借鉴国内外学者常用做法，选取公司年龄（Age）、公司规模（Size）、

---

① 这里基于中国的现实状况，房地产投资更多作为一种投机或保值增值性投资，具有金融资产部分属性，因此，将投资性房地产作为一种特殊的金融资产，纳入企业金融化具体计算之中。

托宾 Q 值（TobinQ）、主营业务收入增长率（Growth）、资产负债率（Lev）、股权集中度（Top1）、领导权结构（Dual）、所有制性质（State）以及独立董事比例（Indep）作为控制变量，为增强实证结果稳健性，进一步控制了行业固定效应和年度固定效应，具体变量定义及衡量方式见附表 1。

附表 1　主要变量定义及计算方式

变量名称	变量符号	变量衡量
创新投入	RDratio	企业研发投入金额 / 当期营业收入
创新产出	Lnpatent	所有专利申请授权数加 1 再取对数
经济政策不确定性	EPU	经济政策不确定性指数年度均值 /100
企业金融化	Fin	企业金融资产加总和 / 期末总资产
公司年龄	Age	当年年份减去企业注册成立年度加 1 取自然对数
公司规模	Size	企业期末总资产取自然对数
托宾 Q 值	TobinQ	企业价值 / 期末总资产
主营业务收入增长率	Growth	本年度与上年度主营业务收入之差 / 上年度主营业务收入
资产负债率	Lev	期末总负债 / 期末总资产
股权集中度	Top1	第一大股东持股比例
领导权结构	Dual	总经理与董事长兼任为 1，否则为 0
所有制性质	State	国有企业机构投资者持股取值为 1，否则为 0
独立董事占比	Indep	独立董事人数 / 董事会总人数
行业固定效应	Industry	按《行业分类（2012 修订）》设置行业虚拟变量
年度固定效应	Year	年份虚拟变量

（三）样本与数据来源

本文以 2007~2017 年我国沪深两市 A 股上市公司为研究样本，并对原始数据进行如下处理：①剔除 ST 及 *ST 类企业；②剔除金融类和房地产类企业；③剔除 Wind 和 CSMAR 数据库中缺少财务数据及企业研发创新数据的企业；④剔除数据缺失严重的企业，并对所有连续性变量进行上下 1% 的缩尾（Winsorize）处理。文中数据主要来源于国泰安数据库（CSMAR），部分数据通过上市公司年报、万得数据库（Wind）、巨潮资讯网等进行了必要的补充，中国经济政策不确定指数来源于 Baker 等（2016）[14]。最终本文得到企业年度数据共 17286 个非平衡面板观测值。

四、实证检验与分析

（一）描述性统计分析

附表 2 是本文主要变量描述性分析。从附表 2 可以看出样本企业的创新产出（Lnpatent），即所有专利申请授权数的自然对数均值为 2.688，说明我国不同企业间专利产出的水平不一、存在较大差别。经济政策不确定指数（EPU）最大值为 3.648，与最小值相差 2.825，表明 2007~2017 年我国经济政策不确定性波动较大。企业金融化程度（Fin）的均值为 2.29%，最大值为 35.1%，最小值为 0%，说明样本企业的金融化程度存在明显差异。其余控制变量的描述性统计如附表 2 所示。

附表 2　主要变量的描述性统计

变量	N	mean	sd	min	p50	max
Lnpatent	17286	2.688	1.420	0	2.639	6.640
RDratio	13171	0.0227	0.0191	0.000100	0.0191	0.120
Fin	17286	0.0229	0.0506	0	0.00280	0.351
EPU	17286	2.144	1.034	0.823	1.813	3.648
Age	17286	2.682	0.406	0	2.773	3.932
State	17286	0.382	0.486	0	0	1
Dual	17286	0.268	0.443	0	0	1
Size	17286	21.99	1.298	16.70	21.78	28.51

续表

变量	N	mean	sd	min	p50	max
Top1	17286	0.354	0.148	0.0880	0.337	0.754
Board	17286	2.151	0.197	1.609	2.197	2.708
Indep	17286	0.372	0.0532	0.300	0.333	0.571
Growth	17286	0.188	0.427	−0.549	0.109	3.315
Lev	17286	0.414	0.206	0.0462	0.405	0.997

（二）相关性分析

附表 3 为主要变量的相关性分析。相关性分析表明经济政策不确定性（EPU）与企业创新产出（Lnpatent）和企业创新投入（RDratio）呈现显著正相关关系，各个变量间的 Person 相关系数均低于 0.5，方差膨胀因子（VIF）都低于 5，说明各变量之间不存在严重的多重共线性。

附表 3　相关性分析矩阵

变量	Lnpatent	RDratio	Fin	EPU	Age	State
Lnpatent	1					
RDratio	0.098***	1				
Fin	−0.054***	−0.034***	1			
EPU	0.011***	−0.010***	0.077***	1		
Age	−0.007	−0.087***	0.159***	0.284***	1	
State	0.070***	−0.125***	0.045***	−0.124***	0.157***	1
Dual	−0.024***	0.078***	−0.021***	0.063***	−0.080***	−0.307***
Size	0.407***	−0.215***	0.051***	0.105***	0.166***	0.384***
Top1	0.088***	−0.091***	−0.060***	−0.066***	−0.126***	0.213***
Board	0.061***	−0.078***	−0.040***	−0.101***	0.014*	0.292***
Indep	0.039***	0.029***	0.022***	0.044***	−0.019**	−0.053***

续表

变量	Lnpatent	RDratio	Fin	EPU	Age	State
Growth	0.036***	0.012	−0.016**	0.046***	−0.001	−0.050***
Lev	0.174***	−0.191***	−0.008	−0.078***	0.167***	0.378***

变量	Dual	Size	Top1	Board	Indep	Growth
Lnpatent						
RDratio						
Fin						
EPU						
Age						
State						
Dual	1					
Size	−0.190***	1				
Top1	−0.047***	0.227***	1			
Board	−0.183***	0.273***	0.028***	1		
Indep	0.101***	0.035***	0.054***	−0.480***	1	
Growth	0.008	0.067***	0.009	−0.01	−0.002	1
Lev	−0.180***	0.492***	0.071***	0.194***	−0.016**	0.058***

注：*、**、*** 分别表示在 10%、5%、1% 的水平上显著相关。

（三）实证检验

附表 4 对模型（1）、模型（2）及模型（3）进行最小二乘法（OLS）回归，并控制行业和年份固定效应，考虑到研究样本可能存在异方差的问题，故本文在进行参数估计时选择异方差稳健标准误。

从附表 4 的列（1）可知，EPU 的系数在 5% 的水平上显著为正，表明经济政策不确定性越大，企业创新投入越高；同时列（4）中 EPU 的系数在 1% 的水平上亦显著为正，说明经济政策不确定性对企业创新产出具有显著的正向作用，故假设 1a 得到验证。由列（2）可知，EPU 的系数在 1% 的水平上显著为正，表明经济政策不确定性越大，企业金融化程度越低，即经济政策不确定性显著地抑制了企业金融化趋势，故假设 2a 得到验证。综合列（1）、列（2）与列（3），我们发现 EPU、Fin 的系数均显著，说明经济政策不确定性通过抑制企业金融化进而促进了企业创新投入，企业金融化在经济政策不确定性促进企业创新投入中发挥着部分中介作用。同样地，综合列（2）、列（4）与列（5），EPU 与 Fin 的系数均在 1% 的水平上显著，这与经济政策不确定性对企业研发投入的影响类似，表明经济政策不确定性同样通过抑制企业金融化促进了企业创新产出，企业金融化在经济政策不确定性促进企业创新产出中发挥着部分中介作用。因此，经济政策不确定性通过抑制企业金融化促进了企业创新，企业金融化在经济政策不确定性促进企业创新中发挥着部分中介作用，假设 3a 得到验证。

附表 4　基准回归结果

变量	（1）	（2）	（3）	（4）	（5）
	RDratio	Fin	RDratio	Lnpatent	Lnpatent
EPU	0.0013** (2.0502)	−0.0039*** (−3.9890)	0.0011** (1.9962)	0.1535*** (7.7110)	0.1517*** (7.6098)
Fin	—	—	−0.0078** (−2.1177)	—	−0.4785** (−2.4998)
Size	−0.0003 (−1.5125)	0.0022*** (5.6354)	−0.0003 (−1.3620)	0.5750*** (52.1954)	0.5761*** (52.2319)
Age	−0.0024*** (−5.3123)	0.0154*** (17.0222)	−0.0023*** (−5.0858)	−0.2459*** (−9.6095)	−0.2385*** (−9.2282)
Top1	−0.0050*** (−4.4087)	−0.0146*** (−5.2412)	−0.0052*** (−4.5415)	−0.1064 (−1.5462)	−0.1134* (−1.6470)
Board	−0.0007 (−0.7660)	−0.0160*** (−7.2979)	−0.0008 (−0.8697)	−0.1868*** (−3.6251)	−0.1945*** (−3.7669)

续表

变量	（1）	（2）	（3）	（4）	（5）
	RDratio	Fin	RDratio	Lnpatent	Lnpatent
Dual	0.0007* （1.8743）	−0.0008 （−0.9035）	0.0007* （1.8745）	0.0782*** （3.5882）	0.0779*** （3.5708）
Tobinq	0.0020*** （14.9733）	−0.0015*** （−5.6681）	0.0020*** （14.8599）	0.0200*** （3.0037）	0.0193*** （2.8898）
Growth	−0.0002 （−0.5515）	−0.0026*** （−2.8363）	−0.0002 （−0.6199）	0.0385* （1.7396）	0.0373* （1.6851）
Lev	−0.0002 （−0.1962）	−0.0247*** （−9.4091）	−0.0004 （−0.3650）	0.0233 （0.3952）	0.0115 （0.1944）
State	0.0009** （2.0545）	0.0032*** （3.1368）	0.0009** （2.0662）	−0.0717*** （−2.9870）	−0.0702*** （−2.9206）
_cons	0.0132*** （2.7103）	0.0017 （0.1842）	0.0130*** （2.6750）	−10.3718*** （−39.1603）	−10.3710*** （−39.1445）
Industry fe	Yes	Yes	Yes	Yes	Yes
Year fe	Yes	Yes	Yes	Yes	Yes
r2_a	0.1962	0.1006	0.1965	0.2786	0.2789
N	13171	17286	13171	17286	17286

注：*、**、*** 分别表示在 10%、5%、1% 的水平上显著相关；括号内为 t 值；标准误为异方差稳健标准误。

五、稳健性检验

为使本文的结论更具有可靠性，本文进行以下稳健性检验。

（一）替代被解释变量

为稳健起见，本文改变企业创新投入及创新产出的计算方法。采用企业研发资金投入与期末总资产之比衡量企业创新投入（Spendratio），采用企业专利申请量总和加 1 取对数衡量企业创新产出（Lnapply），回归结果见附表 5。回归结果与基准结果基本一致。

附表 5　稳健性检验——替代被解释变量

变量	（1）	（2）	（3）	（4）	（5）
	Spendratio	Fin	Spendratio	Lnapply	Lnapply
EPU	1.2482***	−0.0039***	1.2431***	0.2710***	0.2687***
	（11.3516）	（−3.9890）	（11.3095）	（14.1686）	（14.0283）
Fin	—	—	−1.1061	—	−0.5950***
			（−1.5414）		（−3.3144）
CVs	Yes	Yes	Yes	Yes	Yes
_cons	3.6574***	0.0017	3.6320***	−10.9333***	−10.9322***
	（4.0738）	（0.1842）	（4.0489）	（−42.7075）	（−42.6926）
Industry fe	Yes	Yes	Yes	Yes	Yes
Year fe	Yes	Yes	Yes	Yes	Yes
r2_a	0.3067	0.1006	0.3068	0.3123	0.3127
N	13171	17286	13171	17286	17286

注：括号内为 t 值；标准误为异方差稳健标准误；* 表示 P < 0.1，** 表示 P < 0.05，*** 表示 P < 0.01。

（二）替代解释变量

本文使用的经济政策不确定指数是将月度指数进行算术平均转化得出的年度指标。为增强实证结果稳健性，本文借鉴彭俞超等（2018）做法，尝试采用年度中位值衡量经济政策不确定性，代入回归检验，回归结果（见附表 6）与基准结果基本一致。

附表 6　稳健性检验——替代解释变量

变量	（1）	（2）	（3）	（4）	（5）
	RDratio	Fin	RDratio	Lnpatent	Lnpatent
EPU1	0.0281***	−0.0051***	0.0277***	0.0011***	0.0010***
	（3.7127）	（−4.4146）	（3.6550）	（4.4818）	（4.3724）
Fin	—	—	−0.0078**	—	−0.4785**
			（−2.1177）		（−2.4998）

续表

变量	（1）	（2）	（3）	（4）	（5）
	RDratio	Fin	RDratio	Lnpatent	Lnpatent
CVs	Yes	Yes	Yes	Yes	Yes
_cons	0.0120** (2.4593)	0.0025 (0.2697)	0.0119** (2.4254)	−10.3288*** (−38.9060)	−10.3276*** (−38.8894)
Industry fe	Yes	Yes	Yes	Yes	Yes
Year fe	Yes	Yes	Yes	Yes	Yes
r2_a	0.1962	0.1006	0.1965	0.2786	0.2789
N	13171	17286	13171	17286	17286

注：*、**、*** 分别表示在 10%、5%、1% 的水平上显著相关；括号内为 t 值；标准误为异方差稳健标准误。

（三）内生性问题的讨论

关于内生性问题，本文主要研究经济政策不确定性对微观企业创新行为的作用机理，本身可能存在的内生性问题较小，一般认为，宏观经济政策调整及波动对微观企业主体决策和市场行为会产生影响，但微观企业的投融资及创新活动不容易直接对宏观经济政策调整造成影响，但为了增强本文基准回归结果的稳健性，缓解可能存在的内生性问题[①]，本文采用工具变量法对内生性问题进行检验。在选取工具变量的指标上，随着经济全球化的发展，一些国家的经济政策波动可能会对其他国家的财政、货币政策造成影响，这种效应在发达国家对一些新兴发展中国家影响更甚。故本文借鉴顾夏铭等（2018）[6] 的做法，选用由 Baker 等（2016）测算的美国经济政策不确定指数作为工具变量，进一步检验，回归结果（见附表7）与基准结果基本一致。

---

① 需要指出的是，内生性问题还可能由遗漏重要变量产生，因此本文在实证过程中，均严格控制了年份固定效应和行业固定效应，可有效避免由遗漏变量带来的内生性问题。

附表7　稳健性检验——工具变量回归

变量	（1）	（2）	（3）	（4）	（5）
	RDratio	Fin	RDratio	Lnpatent	Lnpatent
EPU	0.0037*** （7.6721）	−0.0039*** （−3.9890）	0.0033*** （7.7110）	0.2264*** （9.8628）	0.2237*** （9.9598）
Fin	—	—	−0.0048*** （−1.4488）	—	−0.6245*** （−3.1358）
CVs	Yes	Yes	Yes	Yes	Yes
_cons	0.1297*** （14.3456）	0.0017 （0.1842）	0.1304*** （14.4034）	−7.5366*** （−15.1528）	−7.4677*** （−15.0044）
Industry fe	Yes	Yes	Yes	Yes	Yes
Year fe	Yes	Yes	Yes	Yes	Yes
r2_a	0.1009	0.1006	0.1015	0.1783	0.1805
N	13171	17286	13171	17286	17286

注：*、**、*** 分别表示在 10%、5%、1% 的水平上显著相关；括号内为 t 值；标准误为异方差稳健标准误。

六、进一步分析

基准回归结果及稳健性检验表明企业金融化在经济政策不确定性促进企业创新中发挥着中介效应。事实上不同企业特征对企业金融化中介作用的发挥具有不同的调节效果，顾夏铭等（2018）[6]研究发现经济政策不确定性对不同特征企业的创新活动具有选择效应，因此为了进一步理清不同企业特征对企业金融化中介作用发挥的具体效果，本文借鉴饶品贵和徐子惠（2017）[31]的研究，从企业规模、企业所有制性质和企业成长性三个方面进行异质性调节效应分析，进一步参考温忠麟等（2014）[29]有调节的中介模型检验方法，对以下模型进行回归：

$$RD_{i,t} = \alpha_0 + \alpha_1 EPU_t + \alpha_2 Mv_{i,t} + \alpha_3 Mv_{i,t} \times EPU_t + \alpha_4 X_{i,t} + \varepsilon_{i,t} \qquad （4）$$

$$Fin_{i,t} = b_0 + b_1 EPU_t + b_2 Mv_{i,t} + b_3 Mv_{i,t} \times EPU_t + b_4 X_{i,t} + \varepsilon_{i,t} \tag{5}$$

$$RD_{i,t} = c_0 + c_1 EPU_t + c_2 Mv_{i,t} + c_3 Mv_{i,t} \times EPU_t + c_4 Fin_{i,t} + c_5 X_{i,t} + \varepsilon_{i,t} \tag{6}$$

其中，Mv 表示调节变量，其中包括企业规模、企业所有制性质和企业成长性，其他控制变量与模型（1）、模型（2）、模型（3）一致。

（一）基于企业规模差异的调节效应

附表 8 为企业规模（hSize）对经济政策不确定性、企业金融化与企业创新三者关系的调节效应。列（1）的 α_3、列（2）的 b_3 和列（3）的 c_4 均不显著，且未通过 Bootstrap 检验，说明企业规模在以企业金融化为中介变量的经济政策不确定性与企业创新投入两者关系中的调节作用有限，与大规模企业相比，小规模企业风险承担能力弱，刺激了经济政策不确定性对企业金融化的抑制作用，进而间接地增强了经济政策不确定性促进企业研发投入的效果，事实上，当市场环境不确定性增强和金融市场剧烈波动时，小规模企业较大规模企业更有"生存压力"和"激励动力"，更加专注于企业研发和新产品市场运营而减少金融资产持有比例，以期在激烈的市场竞争中"占据一席之地"，因此经济政策不确定性更能抑制小规模企业金融化趋势，增加企业研发投入。进一步地，我们发现列（4）的 hSize × EPU 系数显著为正，列（5）的 Fin 系数显著为负，但由于列（2）中 b_3 并不显著，我们接着采用 Bootstrap 检验，结果表明有调节的中介效应显著，即企业规模在以企业金融化为中介变量的经济政策不确定性与企业创新产出两者关系中的调节作用显著，与小规模企业相比，大规模企业在面临经济环境不确定性和激烈地市场竞争中，往往更加"成熟稳定"，企业管理层在企业投资和资产结构调整配置中"更有经验"，而持续稳定的投入研发创新活动往往会带来更多的专利产出和真正有价值"内涵"的创新产出，此外，大规模企业更能集聚高端人才并充分发挥他们的知识智慧和创造能力，企业对创新人才一如既往地支持与培育更能带来持续的创新产出[①]。该结论与顾夏

---

① 人力资本在现代企业经济发展中扮演着愈加重要的角色，其集聚在企业内部形成企业的无形资产和创新潜力，对企业创新产出具有关键性作用，但鉴于企业研发人员数量和质量投入指标并不好获取，因此未能更深入地实证检验，深表遗憾，这里仅对论文实证结果做相应可能的解释。

铭等（2018）[6] 研究一致，即经济政策不确定性往往能促进大规模企业创新专利产出①。

附表8 基于企业规模差异的调节效应

变量	（1）	（2）	（3）	（4）	（5）
	RDratio	Fin	RDratio	Lnpatent	Lnpatent
EPU	1.1057***	−0.0048***	1.1003***	0.2408***	0.2392***
	（8.7754）	（−4.4942）	（8.7317）	（9.6778）	（9.6062）
hSize	−0.6368***	0.0062***	−0.6291***	0.4439***	0.4460***
	（−3.2141）	（3.0697）	（−3.1751）	（8.7882）	（8.8273）
hSize × EPU	0.2263***	0.0012	0.2277***	0.0718***	0.0722***
	（2.9787）	（1.3843）	（2.9957）	（3.4199）	（3.4382）
Fin	—	—	−1.0705	—	−0.3328*
			（−1.4883）		（−1.6916）
CVs	Yes	Yes	Yes	Yes	Yes
_cons	3.7267***	0.0423***	3.7733***	0.3644**	0.3784**
	（5.7722）	（6.3980）	（5.8278）	（2.0645）	（2.1408）
Industry fe	Yes	Yes	Yes	Yes	Yes
Year fe	Yes	Yes	Yes	Yes	Yes
r2_a	0.3074	0.1029	0.3074	0.1678	0.1679
N	13171	17286	13171	17286	17286

注：*、**、*** 分别表示在 10%、5%、1% 的水平上显著相关；括号内为 t 值；标准误为异方差稳健标准误。

---

① 基于前文中实物期权理论，大规模企业管理层往往更有"成熟经验"去规划并更有耐力去等待未来更好的投资机会（期权价值），其选择当期投资房地产和金融类产品与选择增加创新资金及人才设备投入取决于两者所带来的中长期投资收益是否大于当期投资成本与期权价值之和，出于稳妥考虑大企业往往更注重中长期企业未来价值，更注重企业创新资金及人才设备投入，更注重人力资本对企业未来主业发展的影响，因此，经济政策不确定性往往更能通过抑制企业金融化趋势，增加创新资金及人才技术设备投入，进而促进大规模企业创新专利产出。

（二）基于企业所有制性质差异的调节效应

附表9为所有制性质（State）对经济政策不确定性、企业金融化与企业创新三者关系的调节效应。列（1）的 α_3、列（2）的 b_3 的显著、列（3）的 c_4 不显著，但通过了 Bootstrap 检验，说明所有制性质在以企业金融化为中介变量的经济政策不确定性与企业创新投入两者关系中的调节效应显著，即相对于民营企业，经济政策不确定性更能抑制国有企业金融化趋势，进而影响其研发创新投入及产出，事实上，当经济政策不确定性和金融市场波动增加时，国有企业管理层更容易受到政府改革措施等干预性政策影响，政府更容易通过约束国有企业金融投资行为来引导整个市场企业"脱虚向实"进程，因此经济政策不确定性增加更能抑制国有企业金融化倾向，同时在经济政策不确定性和市场经济"脱实向虚"趋势不断增强的现实情况下，政府对国有企业所有制改革的力度和决心不断增强，力图提高混合所有制改革诸多举措提升国有企业生产效率并引导企业更加注重实业发展和创新转型，通过抑制国有企业金融化，提高企业研发投入和创新专利产出。

附表9　基于企业所有制性质差异的调节效应

变量	（1）	（2）	（3）	（4）	（5）
	RDratio	Fin	RDratio	Lnpatent	Lnpatent
EPU	1.2271*** （10.5561）	−0.0024** （−2.3557）	1.2244*** （10.5440）	0.1279*** （5.8754）	0.1264*** （5.8041）
State	−0.0608** （−0.3904）	0.0072*** （3.7080）	−0.0535* （−0.3431）	−0.1867*** （−4.0605）	−0.1836*** （−3.9916）
State×EPU	0.0397*** （0.6676）	−0.0016* （−1.9393）	0.0375** （0.6302）	0.0555*** （2.8605）	0.0548*** （2.8219）
Fin	—	—	−1.1032 （−1.5379）	—	−0.4699** （−2.4567）
CVs	Yes	Yes	Yes	Yes	Yes
_cons	3.5487*** （5.5907）	0.0176*** （3.7277）	3.5491*** （5.5776）	−10.3187*** （−38.8367）	−10.3186*** （−38.8230）

续表

变量	（1）	（2）	（3）	（4）	（5）
	RDratio	Fin	RDratio	Lnpatent	Lnpatent
Industry fe	Yes	Yes	Yes	Yes	Yes
Year fe	Yes	Yes	Yes	Yes	Yes
r2_a	0.3072	0.4759	0.3071	0.2789	0.2792
N	13171	17286	13171	17286	17286

注：*、**、***分别表示在10%、5%、1%的水平上显著相关；括号内为t值；标准误为异方差稳健标准误。

（三）基于企业成长性差异的调节效应

附表10为企业成长性（MB）对经济政策不确定性、企业金融化与企业创新三者关系的调节效应。列（1）的α_3、列（3）的c_4的负向显著、列（2）的b_3不显著，且未通过Bootstrap检验，说明企业成长性在以企业金融化为中介变量的经济政策不确定性与企业创新投入两者关系中所起到的调节作用有限。与企业规模的调节效应类似，成长性较好的企业在面对不稳定的市场环境时往往表现得更"稳定"，基于市场风险考虑往往也会选择减少金融资产投入比例但并不一定增加创新投入比例，而成长性较差的企业往往迫于"生存压力"和"激励动力"更加注重企业研发和新产品市场运营而减少金融资产持有比例，以期在激烈的市场竞争中"占据一席之地"，因此经济政策不确定性更能抑制成长性较差的企业金融化趋势，增加研发创新投入。列（4）的α_3显著为正，虽然列（2）的b_3不显著和列（5）的c_4显著为负，但通过了Bootstrap的检验。这表明企业成长性在以企业金融化为中介变量的经济政策不确定性与企业创新产出两者关系中所起到的调节作用显著，即成长性较好的企业尽管可能并没有增加企业创新投入比例，但持续地研发资金和人员投入及良好的业绩表现往往更能给企业创新活动创造稳定的环境，更有利于企业创新专利产出。

附表 10　基于企业成长性差异的调节效应

变量	（1）RDratio	（2）Fin	（3）RDratio	（4）Lnpatent	（5）Lnpatent
EPU	0.7076*** （20.1919）	−0.0043*** （−3.9990）	0.7016*** （20.0371）	0.2042*** （9.2681）	0.2022*** （9.1689）
MB	0.1705*** （2.8924）	−0.0083*** （−4.3753）	0.1611*** （2.7317）	0.3181*** （7.2067）	0.3143*** （7.1173）
MB × EPU	−0.0716*** （−3.1465）	0.0008 （1.0342）	−0.0700*** （−3.0809）	−0.0995*** （−5.4600）	−0.0991*** （−5.4406）
Fin	—	—	−0.9490*** （−3.9910）	—	−0.4494** （−2.3413）
CVs	Yes	Yes	Yes	Yes	Yes
_cons	2.5407*** （8.2619）	0.0034 （0.3626）	2.5412*** （8.2683）	−10.5400*** （−40.8562）	−10.5385*** （−40.8331）
Industry fe	Yes	Yes	Yes	Yes	Yes
Year fe	Yes	Yes	Yes	Yes	Yes
r2_a	0.1032	0.1014	0.1031	0.2805	0.2807
N	13167	17282	13167	17282	17282

注：*、**、*** 分别表示在 10%、5%、1% 的水平上显著相关；括号内为 t 值；标准误为异方差稳健标准误。

七、简要结论与建议

本文采用 Baker 等（2016）测度的经济政策不确定性指数，运用中国沪深 A 股上市公司 2007~2017 年数据，实证研究了企业金融化在经济政策不确定性与企业创新两者关系中的中介效应。

研究发现：①经济政策不确定性促进了企业创新，并通过企业金融化这一中介效应实现，即经济政策不确定性通过抑制企业金融化趋势，促进企业创新。②进一步有调节的中介效应结果显示，企业规模在以企业金融化为中介变量的经济政策不确定性与企业创新投入两者关系中的调节作用有限，但在以企业金融化为中介变量的经济政策不确定性与企业创新产出两者关系中的调节作用显著，即经济政策不确定性通过抑制小规模企业金融化趋势，增加小规模企业研发投入，且通过抑制大规模企业金融化趋势提高创新专利产出。③所有制性质在以企业金融化为中介变量的经济政策不确定性与企业创新投入及产出两者关系中的调节作用显著，即经济政策不确定性更能抑制国有企业金融化趋势，进而影响其研发投入和创新产出。④企业成长性在以企业金融化为中介变量的经济政策不确定性与企业创新投入两者关系中的调节作用有限，但在以企业金融化为中介变量的经济政策不确定性与企业创新产出两者关系中的调节作用显著，即成长性较差的企业往往更容易受到由经济政策频繁调整和政治变更引发的政策不确定性波动影响，会增强该类企业风险意识，降低金融资产持有比例、专注于企业研发与新产品市场运营。因此经济政策不确定性更能抑制成长性较差企业金融化趋势，增加其研发投入，但并未发现对创新产出的显著促进作用，而成长性较好的企业本身具有较好的生产经营及抗风险能力，经济政策不确定性提高尽管可能并没有增加企业创新投入比例，但持续的研发资金和人员投入及良好的业绩表现往往更能给企业创新活动创造稳定的内部环境，有利于企业创新产出。

　　本文的研究结论对理解当前企业"脱实向虚"现象和经济政策不确定性与企业创新内在机理提供新的理解思路。经济政策不确定性对微观企业而言是挑战更是机遇，经济政策不确定性有效地抑制了企业金融化趋势，并通过企业金融化这一中介效应促进企业创新，进一步显示了经济政策不确定性提高可以增强企业在市场竞争中的"忧患意识"，抑制企业"脱实向虚"趋势，增加企业研发所需的资金、人才和技术投入，促进企业创新，说明经济政策不确定性提高在一定程度上会"刺激"和"激励"微观主体决策行为，有利于激发企业创新动力和市场竞争力，但这并不意味着频繁的政策调整变动对微观企业投融资行为及创新活动是持久有利的，企业创新本身具有极大的不确定性，良好稳定的经济政策调整有助于金融市场的进一步规范和完善，可以为企业创新转型升级和高质量发展提供良好的经济预期和制度保障。

本文的研究有如下重要启示：第一，要进一步提高政府施策的灵活性和针对性，有效调整对不同特征企业的施策方式，继续加大国有企业混改力度，进一步规范国有企业的金融投资行为，提高国有企业研发比例，不断推进国有企业向创新型企业调整转型；要进一步让市场充分发挥在资源配置中的决定性作用，充分发挥市场"优胜劣汰"的竞争机制，激发中小企业生存潜力和创新活力，促进成长性较差企业减少金融投机行为，加大企业研发投入、推广新产品技术市场应用，在助推其"脱虚向实"进程中进一步提升市场竞争力及创新创造活力。第二，要适当合理地运用货币政策和产业政策调控宏观市场经济，减少经济政策不确定性上升对我国企业生产经营行为所造成的影响，进一步稳定市场预期，为企业投融资行为与创新活动提供利好的信号，为中长期企业创新提供稳定可期的良好制度环境。第三，要进一步完善金融市场体制和金融环境，推动金融资金向实体经济和创新活动转移，更好地发挥金融服务实体经济的效能，积极引导企业"脱虚向实"，加大创新人才、资金及技术设备投入，助推企业向创新型企业转型。

参考文献

［1］张成思，刘贯春.中国实业部门投融资决策机制研究——基于经济政策不确定性和融资约束异质性视角［J］.经济研究，2018，53（12）：53-69.

［2］Bloom N. Uncertainty and the Dynamics of R&D［J］. American Economic Review, 2007, 97（02）: 250-255.

［3］王红建，李青原，邢斐.经济政策不确定性、现金持有水平及其市场价值［J］.金融研究，2014（09）：57-72.

［4］李凤羽，史永东，杨墨竹.经济政策不确定性影响基金资产配置策略吗？——基于中国经济政策不确定指数的实证研究［J］.证券市场导报，

2015（05）：54-61+72.

　　［5］彭俞超，韩珣，李建军.经济政策不确定性与企业金融化［J］.中国工业经济，2018（01）：139-157.

　　［6］顾夏铭，陈勇民，潘士远.经济政策不确定性与创新——基于我国上市公司的实证分析［J］.经济研究，2018，53（02）：111-125.

　　［7］P. Veronesi Pastor L. Uncertainty about Government Policy and Stock［J］. The Journal of Finance, 2012, 67（04）: 1219-1264.

　　［8］李力，宫蕾，王博.经济政策不确定性冲击与股市波动率——来自宏观与微观两个层面的经验证据［J］.金融学季刊，2018，12（04）：99-131.

　　［9］王红建，曹瑜强，杨庆，杨筝.实体企业金融化促进还是抑制了企业创新——基于中国制造业上市公司的经验研究［J］.南开管理评论，2017，20（01）：157-168.

　　［10］Keynes J. M. The General Theory of Interest, Employment and Money［M］.London: Macmilan, 1936.

　　［11］Baum C. F., Canglayan M., Stephan A., et al. Uncertainty Determinants of Corporate Liquidity［J］. Economic Modelling, 2008, 25（05）: 833-849.

　　［12］张倩肖，冯雷.宏观经济政策不确定性与企业技术创新——基于我国上市公司的经验证据［J］.当代经济科学，2018，40（04）：48-57+126.

　　［13］Atanassov J., Julio B., Leng T. The Bright Side of Political Uncertainty: The Case of R&D［J］. Social Science Electronic Publishing, 2015（02）: 152-165.

　　［14］Bloom N., Davis S., Baker J. s.r. Measuring Economic Policy Uncertainty［J］.The Quarterly Journal of Economics, 2016, 131（04）: 1593-1636.

　　［15］Ben S. Bernanke. Irreversibility, Uncertainty, and Cyclical Investment［J］.The Quarterly Journal of Economics, 1983, 98（01）: 85-106.

　　［16］Dixit A. K, Pindyck R. S. Investment under Uncertainty［M］. Princeton: Princeton University Press，1994: 135-173.

［17］Hall B. H. The Financing of Research and Development［J］. Oxford Review of Economic Policy, 2002（18）：35-51.

［18］郝威亚，魏玮，温军.经济政策不确定性如何影响企业创新：实物期权理论作用机制的视角［J］.经济管理，2016, 38（10）：51-65.

［19］Berk, Jonathan B., Green, Richard C., Naik Vasant. Optimal Investment, Growth Options, and Security Returns［J］. The Journal of Finance, 1999, 54（05）：1553-1607.

［20］孟庆斌，师倩.宏观经济政策不确定性对企业研发的影响：理论与经验研究［J］.世界经济，2017, 40（09）：77-100.

［21］Detzel A; Brogaard J. The Asset-pricing Implications of Government Economic Policy Uncertainty［J］. Management Science, 2015, 61（01）：3-18.

［22］崔欣，林煜恩，姚守宇.经济政策的不确定性、暴露与股价暴跌风险［J］.金融经济学研究，2018, 33（04）：100-110.

［23］Ran D. Cash Holdings and Corporate Diversification［J］. Journal of Finance, 2010, 65（03）：955-992.

［24］Ran Duchin, Thomas Gilbert, Jarrad Harford. Precautionary Savings with Risky Assets: When Cash Is Not Cash［J］. The Journal of Finance, 2017, 72（02）：793-852.

［25］Bloom N. Fluctuations in Uncertainty［J］. Journal of Economic Perspectives, 2014, 28（02）：153-175.

［26］文春晖，任国良.虚拟经济与实体经济分离发展研究——来自中国上市公司2006—2013年的证据［J］.中国工业经济，2015（12）：117-131.

［27］张成思，张步昙.中国实业投资率下降之谜——经济金融化视角［J］.经济研究，2016, 51（12）：34-48.

［28］Tim Opler, Lee Pinkowitz, Rene Stulz. The Determinants and Implications of Corporate Cash Holdings［J］. Journal of Financial Economics, 1999, 52（01）：3-46.

［29］温忠麟，张雷，侯杰泰.有中介的调节变量和有调节的中介变量

[J].心理学报，2006（03）：136-140.

[30] Fang V. W., Tian X., Tice S. Does Stock Liquidity Enhance or Impede Firm Innovation?[J]. The Journal of Finance, 2014, 69（05）: 2085-2125.

[31] 饶品贵，徐子慧.经济政策不确定性影响了企业高管变更吗？[J].管理世界，2017（01）：151-163.

[32] 宋军，陆旸.非货币金融资产和经营收益率的U形——来自我国上市非金融公司的金融化证据[J].金融研究，2015（06）：115-131.

产业创新与产业升级耦合协调发展的时空特征及驱动因素研究

霍远　王盛兰

　　摘要： 本文采用"纵横向"拉开档次法对产业创新与产业升级两个系统进行评价，并借助耦合协调发展模型，对我国 30 个省份（除西藏外）2004~2013 年产业创新与产业升级耦合协调发展的时空的特征进行了分析。研究发现，产业创新与产业升级耦合协调发展度在样本期内有递减趋势，且呈现明显的"东高西低"空间分布特征。进一步地构建动态面板数据模型，探讨了产业创新与产业升级协调发展的驱动机制，发现地区经济发展水平、消费需求、劳动力素质对两个系统的协调发展具有明显的促进作用，而产业政策和投资供给起反向作用。

　　关键词： 产业创新；产业升级；耦合；动态面板数据模型

一、引言

　　改革开放以来，我国经济实现跨越式发展，目前已成为世界第二大经济体。然而，我国长期依靠人口红利、投资和出口拉动的传统经济发展模式遭遇瓶颈，环境污染和资源消耗等问题逐渐凸显，经济可持续发展状况令人担忧。在我国经济发展面临"三期叠加"压力的同时，也为产业结构优化升级和经济可持续健康发展带来机遇。而产业创新是产业结构升级的动力，产业升级又对产业提升创新效率具有反馈作用。因此，以产业创新与产业升级耦合度为研究视角，立足于产业创新与产业升级协调发展的时空特征，深入分析影响产业创新和产业升级耦合发展的驱动机制，对提高产业创新效率，优化产业结构，促进经济可持续发展具有重要的指导意义。

二、指标体系与研究模型

（一）指标体系构建

（1）产业创新评价体系。通过借鉴刘娜娜等（2015）的做法，从创新投入、创新产出、创新环境三个维度对产业创新进行评价，从而构建了3大层次，9个具体指标的产业创新评价体系，具体如附表1所示。

附表1　产业创新评价指标体系

评价体系	一级指标	二级指标	权重
产业创新能力	创新投入	R&D 活动人员折合全时当量 / 人年	0.108
		R&D 经费内部支出 / 万元	0.106
	创新产出	专利申请数 / 件	0.132
		拥有发明专利数 / 件	0.089
		新产品销售收入 / 万元	0.130
		新产品产值 / 万元	0.104
	创新环境	科技活动经费筹集额中企业资金 / 万元	0.126
		科技活动经费筹集额中政府资金 / 万元	0.113
		利税 / 亿元	0.092

（2）产业升级评价指标体系。借鉴徐晔等（2015）的做法，从产业结构高度化和产业结构合理化两个维度来构建产业升级评价指标体系，具体如附表2所示。

附表2　产业升级评价指标体系

评价体系	一级指标	二级指标	权重
产业升级能力	产业结构高度化指标	霍夫曼比例指数	0.055
		基础产业超前系数	0.065

续表

评价体系	一级指标	二级指标	权重
产业升级能力	产业结构高度化指标	技术密集型集约化程度	0.100
		信息产业产值比重	0.105
		工业加工程度	0.060
	产业结构合理化指标	产业结构比例	0.120
		产业结构协调度	0.155
		产业可持续发展能力	0.135
		产业开放性	0.090

（二）耦合协调发展评价模型

1."纵横向"拉开档次法

数据满足无量纲化，具体如下：

正向指标：$x_{ij}^*(t_k) = (x_{ij}(t_k) - x_j^{max})/(x_j^{max} - x_j^{min})$，$i=1,2,\cdots,n$；$j=1,2,\cdots,m$（1）

逆向指标：$x_{ij}^*(t_k) = (x_j^{max} - x_{ij}(t_k))/(x_j^{max} - x_j^{min})$，$i=1,2,\cdots,n$；$j=1,2,\cdots,m$（2）

其中，x_j^{max}、x_j^{min} 分别为指标 j 在所有时刻的最大值和最小值，$x_{ij}^*(t_k)$ 为经过处理后的无量纲化数据。

评价对象 s_i 在 t_k 时刻的综合评价值为：

$$u_i(t_k) = \sum_{j=1}^{m} w_j x_{ij}^*(t_k) \tag{3}$$

其中，w_j 为第 j 项指标的权重系数，各评价对象在时序立体数据表的整体差异性可以用总离差的平方和（σ^2）表示：

$$\sigma^2 = \sum_{k=1}^{p}\sum_{i=1}^{n}\left(u_i(t_k) - \bar{u}\right)^2 = \sum_{k=1}^{p}\left[w^T H_K W\right] = w^T \sum_{k=1}^{p} H_k w = w^T H w \tag{4}$$

式中，$w = (w_1, w_2, \cdots, w_m)^T$，$H_k = A_k^T A_k$，$A_k$ 代表评价对象各指标的数据集 $\{x_{ij}^*(t_k)\}$，$H = \sum_{k=1}^{p} H_k$，H_k，H 为 m 阶对称矩阵。

计算矩阵 H 的特征值 $\lambda_q = (q = 1, 2, \cdots, m)$，其中 $max(\lambda_q)$ 所对应的特

征向量即为指标权重矩阵 w。最终确定的各指标权重系数如附表 1、附表 2 所示。

2. 耦合协调发展评价模型

耦合度只关注两个系统之间的同步发展，却忽略了两个系统分别的发展状况，即当两个系统的评价值都偏小时，也能表现较高的耦合度，这与经济学现实意义不符。为了规避耦合评价模型的缺陷，参考刘娜娜等（2015）的做法，构建了能够全面反映两大系统协调发展状况的耦合协调发展评价模型：

$$C = \frac{u_1 \times u_2}{\left(\dfrac{u_1 + u_2}{2}\right)^2} \qquad\qquad (5)$$

$$D = \sqrt{C \times T} \ , \quad T = \alpha u_1 + \beta u_2 \qquad\qquad (6)$$

其中，T 为产业创新与产业升级的协调发展指数，反映了两个系统整体的协调发展状况，α 和 β 反映产业创新和产业升级在产业结构优化进程中的边际效用。用 D 表示产业创新与产业升级的耦合协调发展度，采用中值分段法将耦合协调发展度分为四个阶段：低水平耦合协调发展阶段（$0 \leqslant D \leqslant 0.3$）、中度耦合协调发展阶段（$0.3 < D \leqslant 0.5$）、高度耦合协调发展阶段（$0.5 < D \leqslant 0.8$）、极度耦合协调发展阶段（$0.8 < D \leqslant 1$）。

（三）耦合协调发展的驱动机制模型设定

通过建立动态面板数据模型来揭示产业创新与产业升级耦合协调发展的驱动机制。借鉴李豫新、帅林遥（2014）的研究成果，构建如下计量模型：

$$D_{it} = \alpha + \beta_1 \ln gdp_{it} + \beta_2 \ln cd_{it} + \beta_3 \ln pfe_{it} + \beta_4 \ln k_{it} + \beta_5 \ln l_{it} + \beta_6 D_{it-1} + \mu_{it} \qquad (7)$$

其中，D 表示产业创新与产业升级耦合协调发展度，gdp 表示人均地区生产总值，cd 表示消费需求，pfe 表示政府产业政策，k 表示投资供给，l 表示劳动力素质，i 表示研究样本，t 表示时间跨度。考虑到当期的产业创新与产业升级耦合协调发展度会受到前期的影响，在模型中加入了耦合协调发展度的滞后项。为避免模型的内生性问题，本文采用动态面板的差分广义矩估计方法（GMM）。

本文选择中国 30 个省份（除港澳台地区和西藏外）2004~2013 年的数据进行研究分析，数据来源于《中国统计年鉴》和《中国科技统计年鉴》。

三、实证分析

（一）耦合协调发展度的时序特征分析

由产业创新与产业升级耦合度及耦合协调发展度平均值图（见附图 1）可知，在样本期内，产业创新与产业升级的耦合协调发展度较低，但耦合度的水平较高。这主要是由于产业创新和产业升级的综合评价值均偏低，从而导致只关注系统内部同步性发展的耦合度表现为较高水平；而耦合协调发展度综合考虑两个系统的发展水平，因此表现为较低水平。同时耦合度和耦合协调发展度均呈现出逐年递减趋势，这主要是由于耦合系统内产业创新和产业升级的不协调发展。在创新驱动发展战略下，各省市的产业创新能力不断提高，经济发展水平不断提高，但经济发展质量不断降低，表现为产业结构趋同现象突出，生态环境承载力日趋下降，产业可持续发展能力弱，导致产业结构合理化程度较低，最终影响到产业创新和产业升级的不协调发展。

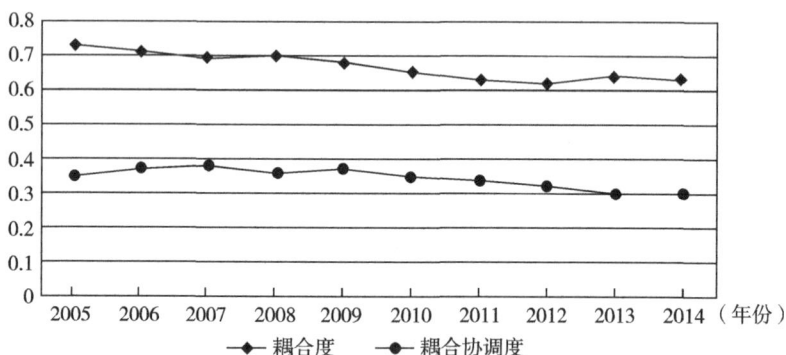

附图 1　产业创新与产业升级耦合度及耦合协调发展度平均值

（二）耦合协调发展度的空间特征分析

由产业创新与产业升级耦合协调发展度的空间分布（见附表 3）。可以看出，产业创新和产业升级的耦合协调发展度呈现了明显的空间分布特征，具体如下：

第一，产业创新和产业升级耦合协调发展度呈现明显的省际差异。①江苏、广东、上海、北京和山东处于高度耦合协调发展阶段。这些地区经济发展水平和质量都处于国内领先水平，产业创新系统和产业升级系统相辅相成，实现系统内的高度耦合协调发展。②浙江、辽宁、天津、福建、湖北、湖南、河南、重庆、四川、陕西处于中度耦合协调发展阶段。这10个省市处于经济稳步发展阶段，注重产业创新对经济发展带来的立竿见影的效果，而忽视了产业结构升级对经济发展的隐形和潜在的促进作用，因此这些省市的产业创新与产业升级未能实现协调发展。③河北、山西、新疆等15个省份处于低度耦合协调发展阶段。这些省市大都处于经济发展初级阶段，产业创新投入不足，产业结构不合理，且由于区位劣势，东部的快速发展对这些省市的辐射作用有限。

第二，产业创新与产业升级耦合协调发展度呈现明显的空间集聚现象，具体表现为东高中平西低的分布格局。东部、中部、西部产业创新与产业升级耦合协调发展度分别为0.469、0.2486、0.2309。东部对中部和西部具有明显的优势。东部大部分省份处于中度耦合协调发展阶段，而中部和西部低于大部分省份，处于低度耦合协调发展阶段，只有少量省份处于中度耦合协调发展阶段。

附表3　产业创新与产业升级耦合协调发展度的空间分布

耦合协调发展阶段	东部地区	中部地区	西部地区
低度耦合协调发展阶段	海南（0.1237）、广西（0.1713）、河北（0.2578）	内蒙古（0.0893）、山西（0.1526）、吉林（0.1934）、黑龙江（0.2367）、江西（0.2625）、安徽（0.2787）	宁夏（0.0682）、青海（0.1033）、甘肃（0.1224）、新疆（0.1377）、云南（0.1556）、贵州（0.1796）
中度耦合协调发展阶段	福建（0.3928）、辽宁（0.4327）、天津（0.4344）、浙江（0.4537）	河南（0.3211）、湖南（0.3231）、湖北（0.3798）	重庆（0.3295）、陕西（0.4893）、四川（0.4921）

耦合协调发展阶段	东部地区	中部地区	西部地区
高度耦合协调发展阶段	山东（0.5212）、北京（0.6459）、上海（0.6993）、广东（0.7391）、江苏（0.7557）	—	—

（三）产业创新与产业升级耦合协调发展的驱动机制研究

通过 Z 统计量检验和 B reitung t 检验的相互验证，检验数据的平稳性（见附表4），1% 的显著性水平下，残差是稳定的，验证了面板数据的平稳性，GMM 估计方法的有效性得到验证。

附表 4　动态面板数据模型单位根检验结果

检验方法	IPS 检验	B reitung t 检验
检验结果	−3.575	−1.975
P 值	0.002	0.004

由动态面板数据模型分析结果（见附表5）可知，①前期产业创新与产业升级耦合协调发展水平 D_{-1} 对当期耦合系统的协调发展具在 1% 的水平下显著，前期耦合系统协调发展水平提高 1%，当期的耦合协调发展度提高 0.1277%；②用于衡量地区经济发展水平的 gdp 对产业创新与产业升级的耦合协调发展起着重要作用，经济发展水平的提高，促使产业由劳动密集型向技术密集型，低附加值向高附加值转变，提高产业创新与产业升级耦合协调发展度；③用于衡量社会消费需求的 cd 对提高产业创新与产业升级的耦合协调发展具有显著的促进作用，随着恩格尔系数逐渐变小，反而对满足居民更高层次需求的消费品的需求量不断提高，促使社会不断调整产业结构，也不断迫使企业提高产业创新能力，促进产业创新与产业升级的耦合协调发展；④用于衡量产业政策的 pfe 对产业升级与产业创新的耦合发展有负向作用，这主要是因为我国 2004~2013 年为实现经济最大化的经济目

标，忽视了伴随经济发展中的生态问题，产业结构不合理，而产业创新能力却在这段期间得到长足发展，导致了产业创新与产业升级的不协调发展；⑤用于衡量投资供给 k 的社会固定资产投资额占 GDP 的比重对产业创新与产业升级的耦合发展起到明显的反向作用，这主要与金融机构的投资偏向有关，金融机构为避免投资风险，偏好将资金投向于有政府担保的国资企业，但国资企业缺乏创新动力，而承担产业创新与产业升级协调发展主力的中小型企业和高技术产业却缺乏融资渠道。⑥用于衡量劳动力素质 l 的研究与试验发展人员全时当量对产业创新与产业升级的协调发展具有明显的促进作用，劳动力素质是产业创新与产业升级的决定性要素，随着我国实施人才强国战略，这一作用将更加明显。

附表 5　回归结果

变量	D_{-1}	gdp	cd	pfe	k	l
系数	0.1277	0.1746	0.3014	–0.0743	–0.2097	0.2616
标准差	7.298	8.214	6.457	6.552	–10.2	11.901

四、结论及政策启示

本文采用耦合协调发展模型，运用 2004~2013 年面板数据，对中国 30 个省份（除西藏外）的产业创新与产业升级的耦合协调发展度进行评价，并得出产业创新与产业升级协调发展的时空特征。研究发现，耦合协调发展度有逐年递减的趋势，且存在明显的"东高西低"的空间分布特征。在此基础上，采用 GMM 估计的动态面板数据方法，对产业创新与产业升级耦合协调发展的驱动机制进行了探究。研究发现，经济发展水平、消费需求、劳动力素质均对产业创新与产业升级的耦合协调发展具有明显的正向作用，而产业政策和投资供给对其具有反向作用，这主要与前期我国的经济目标和产业决策有关。因此，有以下几点政策启示。

（1）实施创新驱动型产业升级战略，制定功能明确的区域产业政策。政府产业政策对产业发展的方向具有引导作用，在政府实施创新驱动型产业升级战略时，为产业创新提供良好的政策环境，促进新老产业的不断更替，提高经济发展质量，实现产业结构的优化升级。同时，东部、中部、西部应根据自身的发展状况，制定合适且功能明确的产业发展策略，东部发达地区应继续发展服务业、高技术产业等技术密集型产业，进一步实现产业创新与产业升级的高度耦合发展；而中部地区和西部地区应加大创新投入，实现产业发展的良性转变，最终实现产业创新与产业升级的耦合协调发展。

（2）依托产学研协同网络，创新人才输入模式。应该密切联系企业、高校和科研机构，构建产学研协同网络平台。同时，在人才输入上不再依赖高校和科研院所的单向输入，形成企业与高校的良性互动，高校通过企业提供的反馈信息，创新人才培养模式。劳动力素质的提高，将在创业创新与产业升级的协调发展进程中起着举足轻重的作用。

（3）提高金融服务效率，调整资金投入偏向。金融服务效率的提高可以解决产业创新与产业升级过程的融资问题，同时，金融机构将资金投向服务业、信息业、高技术产业等朝阳产业，迫使夕阳产业提高创新效率、进行产业升级或者退出市场经济，形成产业更替。伴随着金融服务效率的提高和资金投入结构的改变，产业创新与产业升级的协调发展也将进一步改善。

参考文献

［1］刘娜娜，王效俐，韩海彬. 高校科技创新与高技术产业创新耦合协调发展的时空特征及驱动机制研究［J］. 科学学与科学技术管理，2015，36（10）：59-70.

［2］徐晔，陶长琪，丁晖. 区域产业创新与产业升级耦合的实证研究——以珠三角地区为例［J］. 科研管理，2015，36（04）：109-117.

［3］李豫新，帅林遥，王睿哲. 产业结构升级及其影响因素研究——基于新疆数据的实证分析［J］. 中国科技论坛，2014（09）：46-51+68.

［4］高铁梅. 计量经济分析方法与建模［M］. 北京：清华大学出版社，2009.

产融结合影响了企业投资效率么？

——基于制造业上市公司数据的实证研究

霍远　王琳颖

摘要：为了研究金融资本是否对产业资本产生挤占效应，采用实证分析法以2012~2017年沪深两市A股制造业上市公司为样本检验了产融结合对企业投资效率的影响，结果表明虽然实体企业控股金融机构在一定程度上抑制了企业投资不足，但过度金融投资导致了企业的投资低效问题。进一步研究发现，民营或市场化程度较低地区的企业控股金融机构对过度投资的作用更显著。研究结果可为制造业上市公司决策者和行业监管者如何更好地发展产融结合模式提供借鉴。

关键词：产融结合；投资效率；产权性质；市场化

一、引言

产融结合通常是指以资本为纽带的产业和金融业之间的持股、控股关系，以及由此延伸而出的业务协同和人事参与，是在新常态经济下企业寻求多元化经营的重要战略之一。与产业资本相比，金融资本期限较短，收益波动较大，可以通过资产转化等方式放大收益。在高额投资回报率的诱导下，越来越多的大型企业利用金融杠杆参与类型各异的金融投资或在同一时段控股多家同类金融机构。其带来的信息效应、资源效应以及协同效应，在一定程度上减少了企业的交易成本。同时，也降低了实体企业与金融机构之间的信息不对称，缓解了融资约束，改善了企业的投资效率。但随着产业资本和金融资本的深度融合，产融结合给企业带来的经济后果愈加不确定，例如金融资本对产业资本的挤占很可能会导致企业的实际投资偏离最优投资规模，造成无效率投资。

党的十九大报告强调深化"供给侧结构性改革"，核心就是要厘正资源错配，提高全要素生产率。因此，探究产融结合对制造业上市公司投资效率的影响成为亟须解决的问题。不同于国内外学者通过金融发展、市场化进程和融资约束等角度研究投资效率，本文聚焦于逐渐深入的产融结合模式对实体企业的影响来探究投资效率，具有重要的理论意义和现实意义。

二、理论分析与假设提出

（一）产融结合与企业投资效率

目前我国制造业上市公司参股金融业的现象较为普遍，一方面，因为Wall等（2008）[1]认为产融结合有产生规模经济、培育内部资本市场和提升企业多样化等优势，马红等（2018）[2]也发现随着我国经济发展步入新常态，政府积极鼓励发展产业资本和金融资本良性互动的模式。与产业资本相比，金融资本期限较短收益较高，在实体经济低迷、企业投资回报率逐渐下滑的趋势下，越来越多受到严重冲击的制造业上市公司选择持股金融机构。另一方面，李新春（2011）[3]认为有半数以上的企业家认为若其持股金融机构，就会获得更多的信贷支持，增强企业财务灵活性。Ma（2007）研究发现台湾企业在20世纪90年代通过对银行业的广泛投资展现自身积极产出的战略承诺，从而使整个行业达到对企业更有利的均衡态势。但Jensen（1986）发现，现实中企业渴望过度扩张的现象普遍存在，这意味着实施产融结合的企业会如张敏等（2010）[4]所想，认为自身通过控股金融机构打破壁垒、释放积极信号，产生了良好的融资预期，对盲目扩张可能导致的资金链断裂视而不见，加快扩张自身版图的步伐。本应发挥监管优势的金融机构也因企业实施产融结合而弱化了对企业无效投资的监督。基于上述分析提出假设1。

假设1：与不存在产融结合的企业相比，控股金融机构的制造业上市公司更容易产生投资过度问题，从而降低投资效率。

（二）不同产权性质下产融结合对制造业上市公司投资效率的影响

随着研究的不断深入，学者们对产权性质差异产生的经济后果愈加关注。方军雄（2007）指出我国在资本市场上存在一定程度的所有制歧视，国企在政府背景的支持下具有较通畅的融资渠道，马红（2018）[2]发现融资约束和债务代理成本突出成为我国经济转型期间的一种普遍现象，此时具有预算软约束与"隐性担保"等天然优势的国有企业无论业绩如何都更容易获得资金。Su 和 Yang（2009）[5]认为，民营企业在信贷和股权融资上都更容易受到歧视。因此，民营企业有更强的动力通过产融结合与金融机构形成契约关系。为了厘清上述问题，本文聚焦于国有企业和民营企业对于产融结合选择偏好之间的差异，提出假设 2。

假设 2：与国有企业相比，民营企业参与产融结合对投资效率有抑制作用，更易产生无效的超额投资。

（三）不同市场化程度下产融结合对制造业上市公司投资效率的影响

受市场经济不平衡发展、地理位置差异等方面因素影响，市场化进程在不同地区存在差异。较完善的制度环境和规范的披露机制使高市场化程度地区的企业对资源的配置、控制和约束能力更强，由于存在规模经济，其融资成本也往往较低。但在低市场化进程的地区，企业面临较高的资金成本和交易成本，陷入财务困境的风险更高，因此企业会倾向于持有或控股金融机构来提高投资效率。刘玥莹等（2015）[6]通过研究指出，市场化程度会促进企业投资，但市场化程度欠发达地区的企业往往无法依靠自身力量搭建起与金融机构间的桥梁，因此其深入金融关系网的动机更加强烈。但万良勇等（2015）[7]认为产融结合建立的直接通道减轻了两者间的信息不对称，决策者会因为预期持股程度高比程度低更易获得优质的信息和资源而选择更深层次的产融结合，过度的产融结合恶化了资金利用效率，使其最终偏离最优投资。因此提出假设 3。

假设 3：当上市公司处于市场化程度发展欠发达地区时，产融结合导致企业过度投资从而降低投资效率的作用更强。

三、研究设计

（一）研究样本与数据来源

本文以 2012~2017 年沪深 A 股制造业上市公司为研究样本分析产融结合对公司投资效率的影响。样本包括 8775 个观测值，本文对所有连续变量进行了正负 1% 的 Winsorize 缩尾处理，最终得到 7116 个观测值。文中使用数据来源于 Wind 数据库、CSMAR 数据库及上市公司年报。

（二）研究设计

本文参考 Richardson（2006）[8] 的预期投资模型计算投资程度：

$$Invest_t = \alpha_0 + \alpha_1 Growth_{t-1} + \alpha_2 Cash_{t-1} + \alpha_3 Lev_{t-1} + \alpha_4 Size_{t-1} + \alpha_5 Age_{t-1} + \alpha_6 Ret_{t-1} + \alpha_7 Invest_{t-1} + \sum Year + \sum Industre + \varepsilon_t \tag{1}$$

模型（1）中，Invest 为当年新增投资额，用企业现金流量表中资本投资净支出和平均总资产的比值，即通过（构建固定资产、无形资产和其他长期资产所支付的现金 + 购买子公司及其他营业单位所支付的现金 − 处置子公司及其他营业机构收到的现金）/ 总资产平均值进行度量；Growth 为成长性水平，用主营业务收入增长率表示；Cash 为企业上一期现金流量表中现金及其等价物余额 / 总资产平均值；Lev 为总负债 / 总资产；size 为总资产平均值的自然对数；Age 为截至当年公司上市年度加 1 的自然对数；Ret 为股票收益率；Year 和 Industre 为样本期的年份与行业虚拟变量。

附表 1 显示了上述模型的回归结果，通过对预期投资模型进行回归，残差的正负分别代表投资过度（Oinvest）和投资不足（Uinvest），并用其绝对值表示企业实际投资对最优投资的偏离，即投资效率（Inveffi）。

附表 1　预期投资的回归结果

变量	L.Growth	L.Size	L.Lev	L.Cash	L.Age	L.Ret	L.Invest	r2_a	N
系数	−0.0056**	−0.0042***	0.0007	0.0285***	−0.0010***	0.0135***	0.3479***	0.1618	8292
	（−2.48）	（−4.95）	−0.14	−4	（−6.74）	−6.4	−32.95	—	—

注：括号中数字为双尾检验的 T 值，*、**、*** 分别代表 10%、5% 和 1% 的显著性水平。

通过模型（1）计算出投资效率后，本文使用模型（2）来检验制造业上市公司产融结合对投资效率的影响，具体研究模型如下：

$$\text{Inveffi}_t \left(\text{Oinvest}_t \quad \text{Uinvest}_t \right) = \alpha_0 + \alpha_1 \text{Fin}_t + \alpha_2 \text{Saler}_{t-1} +$$
$$\alpha_3 \text{Contro}_{t-1} + \alpha_4 \text{Roa}_{t-1} + \alpha_5 \text{Size}_{t-1} + \alpha_6 \text{Lev}_{t-1} + \alpha_7 \text{Cash}_{t-1} + \quad (2)$$
$$\alpha_8 \text{Age}_{t-1} + \alpha_9 \text{Top10\_HHI} + \alpha_{10} \text{Dual}_{t-1} + \alpha_{11} \text{Board}_{t-1} +$$
$$\alpha_{12} \text{Dboard}_{t-1} + \sum \text{Year} + \sum \text{Industre} + \varepsilon_t$$

利用模型（1）残差绝对值作为考察制造业上市公司投资效率的代理变量，分别用投资效率（Inveffi）、过度投资（Oinvest）和投资不足（Uinvest）来表示其投资状况。数值越大表明企业投资效率越低，越偏离最优投资。借鉴王化成等（2007）[9]的研究设计，当持有金融机构20%以上的股份视为制造业上市公司对金融机构控股，用 Fin 表示，若满足取值为1，否则取值为0。并根据李维安等（2014）[10]的研究，选取营业收入增长率（Saler）、资产收益率（Roa）、企业规模（Size）、杠杆率（Lev）等作为本文实证模型的控制变量，同时还控制了年度虚拟变量（Year）。

四、实证分析

（一）描述性统计

附表 2 为相关变量的描述性统计，投资效率 Inveffi 的平均值为0.046，表明我国制造业上市公司普遍存在非效率投资，这个结果与李维安（2014）[10]的研究结果大体一致。进一步表明在当前投资效率不良的环境下，探究产融结合如何影响实体企业投资效率是有意义的。此外，企业规模（Size）的均值为 22.069，标准差为 1.137，说明样本企业存在较大的规模差异；盈利能力（Roa）的均值为 3.8%，表明制造企业资产收益率总体仍处于较低水平，杠杆率（Lev）均值为 41.1%,表明样本的资产负债水平也较为合理，其余控制变量描述性统计结果如附表 2 所示，不再一一赘述。值得一提的是，产权性质（State）均值为 0.337，说明观测值中民营企业占据多数，因民营资本进入金融领域的门槛随着我国资本市场的逐渐开放而降低和互联网金融的冲击，产融结合逐渐呈现出了"草根化"态势；市场化进程（Market）均值为 8.215，标准差为 1.899，表明本文市场化指数的度量能够有效反映不同地区真实的市场化程度。

附表 2　描述性统计

变量名	观测值	均值	标准差	最小值	p50	最大值
Inveffi	7116.000	0.046	0.052	0.001	0.034	0.508
Oinvest	2385.000	0.068	0.090	0.000	0.038	0.508
Uinvest	4731.000	−0.036	0.025	−0.225	−0.033	−0.000
Fin	7116.000	0.745	0.436	0.000	1.000	1.000
Hold	7116.000	0.391	0.233	0.000	0.404	1.568
Saler	7116.000	0.166	0.406	−0.487	0.101	2.607
Roa	7116.000	0.038	0.051	−0.145	0.033	0.189
Size	7116.000	22.069	1.137	19.862	21.911	25.473
Lev	7116.000	0.411	0.199	0.054	0.399	0.921
Cash	7116.000	0.170	0.114	0.019	0.140	0.569
lnAge	7116.000	2.049	0.750	0.693	2.079	3.178
Top10_HHI	7116.000	0.450	0.199	0.134	0.412	0.914
Dual	7116.000	1.734	0.442	1.000	2.000	2.000
Board	7116.000	8.604	1.531	5.000	9.000	14.000
Dboard	7116.000	3.155	0.520	2.000	3.000	5.000
Market	7116.000	8.215	1.899	2.940	8.370	10.820
State	7116.000	0.337	0.473	0.000	0.000	1.000

（二）实证结果分析

1. 基准回归结果

本文考量产融结合对制造业上市公司投资效率的影响。回归结果如附表 3 所示，其中模型（1）为不考虑控制变量、个体效应和时间效应的估计结果，模型（2）和模型（3）分别在前者的基础上加入了控制变量和时间效应。模型（4）和模型（5）分别将观测值区分为投资过度样本和投资不足样本，参考模型（3）的方式进行回归估计。

附表 3　基准回归结果

模型	（1）	（2）	（3）	（4）	（5）
样本	总体样本			投资过度	投资不足
被解释变量	Inveffi	Inveffi	Inveffi	Oinvest	Uinvest
Fin	0.0072***	0.0066***	0.0062**	0.0040***	−0.0034
	−2.63	−2.68	−2.51	−2.76	（−0.50）
Saler	—	0.0263***	0.0277***	0.0040**	0.0513***
		−7.91	−8.26	−2.35	−6.36
Roa	—	−0.0532***	−0.0431**	−0.0352***	0.0018
		（−2.79）	（−2.27）	（−3.27）	−0.02
Size	—	0.0249***	0.0272***	0.0080***	0.0794***
		−7.12	−7.53	−3.35	−6.43
Lev	—	0.0115	0.0075	−0.0001	0.0762*
		−1.02	−0.64	（−0.02）	−1.76
Cash	—	−0.0340***	−0.0324***	−0.0176***	−0.0699**
		（−3.56）	（−3.37）	（−3.07）	（−2.00）
lnAge	—	−0.0253***	−0.0142***	−0.0037	−0.0408***
		（−7.93）	（−2.96）	（−1.25）	（−2.71）
Top10_HHI	—	−0.0138*	−0.0161**	−0.0002	−0.0592**
		（−1.83）	（−2.10）	（−0.04）	（−2.48）
Dual	—	0.0004	0.0003	0.0030*	−0.011
		−0.17	−0.14	−1.86	（−1.19）
Board	—	−0.0003	−0.0004	−0.0007	−0.0014
		（−0.26）	（−0.32）	（−1.11）	（−0.35）
Dboard	—	−0.002	−0.0023	0.0025	−0.0083
		（−0.64）	（−0.75）	−1.55	（−0.79）
时间效应	—	—	控制	控制	控制
常数项	0.0403***	−0.4445***	−0.5026***	−0.1359***	−1.5350***
	−19.79	（−6.09）	（−6.57）	（−2.68）	（−5.87）
N	7116	7116	7116	2385	4731

模型	（1）	（2）	（3）	（4）	（5）
R^2_A	0.0017	0.0981	0.1144	0.0669	0.2197
F	6.9075	15.6136	14.1173	12.5246	10.8113

注：*、** 和 *** 分别表示 10%、5% 和 1% 水平下显著。附表 4 中估计方程编号承接附表 3 中估计方程编号。

从基准回归结果来看，产融结合的确对我国制造业上市公司的投资效率产生了显著影响。对总体样本回归发现两者在 1% 水平下正相关，说明随着产融结合的逐步加深，制造业上市公司出现了低效率的投资，初步支持假设 1。在加入了控制变量和时间效应后，两者仍在 5% 的显著性水平下正相关，验证了随着控股比例的上升，实际投资愈加偏离最优投资。进一步地，本文将总样本分为投资不足和投资过度，进行分类回归发现，在 1% 的显著性水平下，上升的控股比例带来了更多的无效投资，与 Liu 等（2018）[11] 认为在便利融资时过度扩张现象较为普遍的理论相一致。而产融结合程度与投资不足回归系数为 −0.0034，没有通过显著性检验，与 André（2014）[12] 认为当持股尚未达到实现规模经济带来的融资便利，而过度的激励政策造成的扭曲本身就会导致企业投资不足的理论相符。

综上所述，产融结合产生的资金错配确实会挤占部分实业投资，矫枉过正却无法理性回归，最终使企业偏离最优投资水平，降低了企业的投资效率，故假设 1 得到验证。

2. 不同产权性质、市场化进程下的回归结果

由于不同产权性质与市场化进程下的上市公司投资效率相差较大，因此有必要将总观测值按模型（6）至模型（9）区分为不同产权性质和市场化程度下产融结合对投资效率的影响，采用的企业所在地市场化指数数据来自樊纲等编制的《中国市场化指数》，将样本按其所在地区市场化评价指数分为高于样本中位数的发达组和低于样本中位数的欠发达组（见附表 4）。

附表 4　不同产权性质和市场化进程下的回归结果

模型	（6）	（7）	（8）	（9）
具体划分	国有企业	民营企业	高市场化	低市场化
被解释变量	Inveffi	Inveffi	Inveffi	Inveffi
Fin	0.0072	0.0056**	0.0045	0.0094**
	−1.2	−2.08	−1.26	−2.25
Saler	0.0246***	0.0298***	0.0203***	0.0298***
	−3.82	−7.59	−4.45	−5.7
Roa	−0.0477**	−0.0608**	−0.0249	−0.0585**
	（−2.01）	（−2.16）	（−0.88）	（−1.97）
Size	0.0164**	0.0301***	0.0249***	0.0343***
	−2.15	−6.88	−4.86	−5.98
Lev	−0.0081	0.0152	0.018	−0.0076
	（−0.45）	−0.99	−1.07	（−0.42）
Cash	0.0051	−0.0396***	−0.0427***	−0.0370**
	−0.3	（−3.41）	（−2.90）	（−2.30）
lnAge	0.0063	−0.0165**	−0.0299***	−0.0061
	−0.55	（−2.56）	（−4.15）	（−0.83）
Top10_HHI	−0.0056	−0.0222**	−0.0442***	−0.004
	（−0.45）	（−2.15）	（−3.49）	（−0.38）
Dual	0.0009	0.001	0.0015	0.0068**
	−0.25	−0.33	−0.39	−2.04
Board	−0.0003	−0.0001	−0.0014	−0.0001
	（−0.23）	（−0.04）	（−0.78）	（−0.06）
Dboard	−0.0032	−0.0023	−0.004	0.002
	（−0.71）	（−0.52）	（−0.97）	−0.52
常数项	−0.3286**	−0.5557***	−0.4021***	−0.6976***
	（−1.98）	（−6.01）	（−3.71）	（−5.72）
N	2401	4715	3464	3652
R^2_A	0.085	0.1248	0.0941	0.1521
F	2.8025	12.644	7.2926	7.8587

如模型（7）和模型（9）回归结果显示产融结合对民营和市场化程度欠发达地区企业投资效率的影响在10%的水平下显著。因投融资渠道尚不完善，产融结合成为其改善投资效率的首要选择，但在整个行业投资风险加剧的情形下，过度产融结合导致的资本转移和投资规模的不断扩张导致了投资效益逐渐偏离最优投资，与假设2、假设3相符。互联网金融和逐渐降低的金融领域门槛催生出了更为"草根化"的产融结合模式，本文7116个观测值中民营企业占据多数，这是尽管国有企业过度投资并不显著但总样本回归时两者关系显著为正的原因之一。

（三）稳健性检验

正如前文所述，目前尚不存在明确界定产融结合的标准，因此不同学者采用的衡量指标也多有不同。考虑到不同的指标可能会对研究结果产生影响，在稳健性检验部分参考胡彦鑫（2019）的研究对解释变量进行了指标替代，分别以持股金融机构金额（lnTotaln）和持有金融机构家数（lnTotaln）作为判断产融结合的标准，研究主要结论未发生实质性改变，因篇幅原因，结果不再列出。

五、结论及对策建议

基于我国特有的产融结合政策和现实背景，本文将制造业上市公司按产权性质和所属地区市场化程度进行划分，探析产融结合对投资效率的影响。实证结果表明：①产融结合程度越高越能降低上市公司的投资效率，主要原因是产融结合持股金融机构的比例、金额和机构数加剧投资过度的程度超过对投资不足的缓解作用。②民营企业和市场化程度欠发达地区企业参与产融结合的动机更强，随着融合程度逐渐加深，实际投资效率逐渐偏离最优投资，盲目追求资金便利和超额收益使实体企业将本应投资于产业的资金用于金融投资，面临"脱实向虚"的风险。

随着工业4.0的深入，实业投资活动频发加大了企业风险。为此本文提出以下对策建议：①进一步推进投融资体制改革，资本开放与金融一体化进程应该相互配合，充分发挥投资对优化供给结构的关键作用，提高直接融资比重，在完善本地资产市场的基础上推动多层次资本市场健康发展。②企业发展应以产业为本，把提升企业价值、满足产业发展需求作为根本追求。一方面注重科技创新和产业升级弥补企业短板，另一方面在投资金融机构时要谨慎选择，综合考虑投资活动产生的影响，当出现偏离最优投资的情况时，及时根据自身经营发展确定投资规模，真正做到让金融成为手段，实体产业才是最终归宿。③审慎逐步开放金融市场的同时加强监管。确立明确的风险监管理念，加强对金融投资行为的监管。细化实体企业持股金融机构的准入标准，针对企业规模、经营业绩等设置准入标准。同时加强各监管机构的联合监管，协调监管各金融机构的金融风险，对整个金融体系的风险进行综合调控，共同抵御金融错配、脱实向虚等金融风险。

参考文献

［1］Wall L. D., Reichert A. K., Liang H. Y. The Final Frontier: The Integration of Banking and Commerce. Part 1: The likely Outcome of Eliminating the Barrier. Fed［A］// Reserve Bank Atlanta Econ［Z］. Rev, 2008. 93（01）: 1–16.

［2］马红，侯贵生，王元月 . 产融结合与我国企业投融资期限错配——基于上市公司经验数据的实证研究［J］.南开管理评论，2018，21（03）: 46–53.

［3］李新春 . 资本市场与中国企业家成长：现状与未来、问题与建议——2011 · 中国企业经营者成长与发展专题调查报告［J］.管理世界，2011（06）: 76–90.

［4］张敏，张胜，王成方，申慧慧 . 政治关联与信贷资源配置效率——来自我国民营上市公司的经验证据［J］.管理世界，2010（11）: 143–153.

［5］Su X., Yang Z. State Control, Financial Constraints and Firm Growth: Evidence from China. Paper Presented at International Conference on the Corporate Finance and Governance of Emerging Markets［J］. City University of Hong Kong, November, 2009（02）: 5–7.

［6］刘玥莹，李阳，孔东民．产权、市场化与非上市企业的融资困境［J］．商业经济研究，2015（09）：93-95.

［7］万良勇，廖明情，胡璟．产融结合与企业融资约束——基于上市公司参股银行的实证研究［J］．南开管理评论，2015，18（02）：64-72+91.

［8］Richardson S. Over-investment of Free Cash Flow［J］. Review of Accounting Studies，2006，11（2-3）：159-189.

［9］王化成，李春玲，卢闯．控股股东对上市公司现金股利政策影响的实证研究［J］．管理世界，2007（01）：122-127+136+172.

［10］李维安，马超．"实业＋金融"的产融结合模式与企业投资效率——基于中国上市公司控股金融机构的研究［J］．金融研究，2014（11）：109-126.

［11］Liu Q., Pan X., Tian G. G. To What Extent Did the Economic Stimulus Package Influence Bank Lending and Corporate Invest ment Decisions? Evidence from China［J］. J. Bank, 2018, Finance 86（Suppl. C）：177-193.

［12］André Kurmann. Holdups and Overinvestment in Capital Markets［J］. Journal of Economic Theory, 2014（151）：88-113.